# A mistagogia da missa

Dados Internacionais de Catalogação na Publicação (CIP)
(Câmara Brasileira do Livro, SP, Brasil)

Marques, Luis Felipe C.
   A mistagogia da missa : nos ritos e nas preces / Frei Luis Felipe C. Marques. – Petrópolis, RJ : Vozes, 2023.

   Bibliografia.
   ISBN 978-85-326-6512-6

   1. Eucaristia – Celebração  2. Eucaristia – Igreja Católica  3. Igreja Católica – Liturgia  4. Missa – Celebração  5. Missa – Rituais  6. Mistagogia – Igreja Católica  7. Ritos iniciáticos – Aspectos religiosos – Igreja Católica  I. Título.

23-168329                                                                                       CDD-268.82

Índices para catálogo sistemático:
1. Mistagogia : Iniciação cristã : Igreja Católica :
Cristianismo   268.82
Aline Graziele Benitez – Bibliotecária – CRB-1/3129

Frei Luis Felipe C. Marques, OFMConv.

# A mistagogia da missa

Nos ritos e nas preces

De acordo com a terceira edição
típica do Missal Romano

EDITORA VOZES

Petrópolis

© 2023, Editora Vozes Ltda.
Rua Frei Luís, 100
25689-900  Petrópolis, RJ
www.vozes.com.br
Brasil

Todos os direitos reservados. Nenhuma parte desta obra poderá ser reproduzida ou transmitida por qualquer forma e/ou quaisquer meios (eletrônico ou mecânico, incluindo fotocópia e gravação) ou arquivada em qualquer sistema ou banco de dados sem permissão escrita da editora.

**CONSELHO EDITORIAL**

**Diretor**
Volney J. Berkenbrock

**Editores**
Aline dos Santos Carneiro
Edrian Josué Pasini
Marilac Loraine Oleniki
Welder Lancieri Marchini

**Conselheiros**
Elói Dionísio Piva
Francisco Morás
Gilberto Gonçalves Garcia
Ludovico Garmus
Teobaldo Heidemann

**Secretário executivo**
Leonardo A.R.T. dos Santos

_____

*Editoração*: Natália Machado
*Diagramação*: Littera Comunicação e Design
*Revisão gráfica*: Anna Carolina Guimarães
*Capa*: Ygor Moretti

ISBN 978-85-326-6512-6

Este livro foi composto e impresso pela Editora Vozes Ltda.

**Aos celebrantes**

# Sumário

*Siglas*, 9

*Introdução*, 11

**I – Educados ao mistério**, 19

    Cristo é o nosso mistagogo, 26

**II – Convocados por Deus**, 31

**III – Elogio ao silêncio**, 39

**IV – Ritos Iniciais**, 45

    Caminhando e cantando, 50

    Reunidos em nome da Trindade, 53

    A Tradição na saudação, 55

    A fronteira da memória e da purificação, 57

    O reconhecimento da obra da Redenção, 63

    A transição na oração, 65

**V – Liturgia da Palavra**, 71

    A força da Palavra, 73

    Um ministério exemplar, 77

    Um tesouro aberto, 82

    Palavra de salvação, 87

    Corações ardentes, 90

    A fé feita profissão, 95

    A oração por todos, 97

**VI – Liturgia Eucarística**, 101

Os dons apresentados, 103

Corações ao alto, 110

A composição da oração eucarística, 115

Manda o teu Espírito, 118

Fazei isto em memória de mim, 121

Tudo isto é mistério da fé, 126

Nós te oferecemos este sacrifício, 128

Lembrai-vos, 133

Por Cristo..., 136

A comunhão ritual, 137

A ousadia cristã, 139

A libertação que gera reconciliação, 143

A paz que supera o conflito, 144

A fração do pão que provoca unidade, 146

A comunhão que faz a Igreja, 149

A oração que tudo sintetiza, 157

**VII – Ritos finais**, 159

*Conclusão* – O homem da liturgia, 167

*Referências*, 172

# Siglas

AG – Decreto Conciliar *Ad Gentes*

CB – Cerimonial dos Bispos

CIgC – Catecismo da Igreja Católica

CNPL – ce (França)

DD – Carta Apostólica *Desiderio Desideravi*

DV – Constituição Conciliar *Dei Verbum*

EE – Carta Apostólica *Ecclesia de Eucharistia*

EG – Exortação Apostólica *Evangelii Gaudium*

GE – Exortação Apostólica *Gaudete et Exsultate*

GS – Constituição Conciliar *Gaudium et Spes*

IGLH – Introdução Geral da Liturgia das Horas

IGMR – Instrução Geral do Missal Romano

ILM – Introdução ao Lecionário da Missa

LF – Encíclica *Lumen Fidei*

LG – Constituição Conciliar *Lumen Gentium*

MD – Encíclica *Mediator Dei*

MR – Missal Romano

PO – Decreto Conciliar *Presbyterorum Ordinis*

OE – Oração Eucarística

SC – Constituição Conciliar *Sacrosanctum Concilium*

SaC – Exortação Apostólica *Sacramentum Caritatis*

UR – Decreto Conciliar *Unitatis Redintegratio*

VD – Exortação Apostólica *Verbum Domini*

# Introdução

Para viver plenamente a ação litúrgica e vivenciar a surpresa com o mistério, é necessária a formação do povo de Deus. Essa formação é fundamental não apenas aos membros da pastoral litúrgica, mas a toda comunidade celebrante. Ao ampliar nossa compreensão de liturgia, passamos a obter a capacidade de nos surpreender com o que ocorre nas celebrações diante de nossos olhos. Conforme avançamos nessa ótica, conseguimos participar do culto com profundo sentido de reverência e maravilha, reconhecendo o mistério que se desdobra diante de nós. A formação litúrgica nos prepara para participar ativamente da liturgia, levando-nos à compreensão que é necessário não apenas cumprir as rubricas, mas também nos conectarmos com a dimensão espiritual de maneira mais profunda e significativa.

Todo bom pastor que exerce seu ministério com olhos abertos para a realidade atesta que as nossas celebrações litúrgicas parecem superficiais. Ao lado dos cristãos de fachada existem numerosos católicos de boa vontade, mas dotados de uma religiosidade pouco cristã. As estatísticas relativas à frequência nas missas dominicais e festivas são assustadoras. Muitos batizados tiraram a missa dos seus hábitos. Alguns a frequentam raramente. Outros continuam a ir à missa por costume ou apenas para cumprir um preceito. Nos mais piedosos encontra-se uma forma de assistência ditada pelo individualismo, rezam as suas devoções, seguem os seus pensamentos, articulam as suas jaculatórias e apertam os seus terços. Fora desse imperativismo orante, há tanto tédio e chatice pela "mesmice" dos nossos ritos. Temos uma multidão resignada pelo hábito e oprimida pelo tédio.

Além de uma crise estrutural da fé e do individualismo social do nosso tempo, são evidentes outras causas: a dificuldade de entender o que se celebra, o esquecimento do simbólico, a multiplicação do sentimentalismo e o favorecimento do tridentinismo, o desaparecimento dos ritos, a improvisação, a insuficiente formação e o clericalismo. Esses graves problemas transformam a liturgia, encontro privilegiado de Deus com o seu povo, em espetáculos coreográficos, com luzes e excessos, cantos estridentes e fastidiosas celebrações, sem contar as longas e fracas reflexões homiléticas. Tudo se volta para a artificialidade das formas rituais. Mesmo que necessárias, não precisamos apenas recordar as rubricas adequadas, mas de teorias teológicas que sejam fiéis à riqueza da Tradição. O rito é por si mesmo uma norma e a norma nunca é fim em si mesma, mas está sempre a serviço da realidade mais alta que quer salvaguardar (DD 48).

As ações rituais não se prestam à subjetividade narcisística e ao individualismo moderno. A "criatividade selvagem" é superficial porque não sabe relacionar sensibilidade e inteligência. Além do mais, toda a celebração tem sido reduzida aos ministros e aos coroinhas ("cerimoniários"), aos cantores e aos músicos, excluindo a participação de todo o povo, fazendo com que este volte a assistir ao que se faz no presbitério e a assistir ao canto dos artistas. A maioria dos nossos fiéis entram na celebração litúrgica ainda como meros expectadores de um rito celebrado apenas pelo padre e pela "sua equipe". A assistência à missa ainda é uma prática comum, mesmo que conceitualmente todos afirmam que à missa se vai para participar e não para assistir.

Após 60 anos da promulgação da Constituição Conciliar *Sacrosanctum Concilium*, é preciso revisitar com cuidado as suas páginas para compreender a maneira revolucionária de pensar a ação litúrgica e de envolver os seus atores responsáveis. Se a SC representa um consenso sobre a necessidade de reformar a liturgia, a forma concreta de compreender, receber e aplicar a reforma da liturgia variou consideravelmente, em todos os níveis, ao longo dos últimos anos. Na verdade, muito se tem falado sobre a reforma litúrgica, inclusive dos seus retrocessos e bloqueios advindos de todos os lados, mas pouco se tem falado sobre a iniciação à liturgia ou, até mesmo, de uma formação na esteira da proposta conciliar.

É precisamente a paixão pela forma ritual da Eucaristia que determinou e inspirou a reforma, ou melhor, foi o interesse vivo pela ação ritual e pelas suas formas que reivindicou uma forma melhor para que os batizados pudessem dela participar plenamente e haurir aquela eficácia pastoral que o magistério conciliar encontra precisamente na forma de ritos (SC 49).

A provável e fácil reproposição de um modelo que já deveria estar superado é o método minimalista das convicções frágeis da compreensão do sentido do que seja a liturgia. *Sacrosanctum Concilium* nos recorda que substância, acidente, matéria, forma, ministro... não são o único lugar de compreensão da Eucaristia, que pode ser bem compreendida essencialmente "nos sinais sensíveis" (SC 7), "nos seus ritos e nas suas orações" (SC 48).

Ritos e orações não são, acima de tudo, "objetos" de uma inteligência interior, mas sim "mediações", "linguagens" e "códigos" graças aos quais podemos ter inteligência do mistério. Por isso, a tentativa de retorno a uma certa tradição, evidentemente distante da forma que a liturgia assumiu após o Vaticano II, é resultado da incompetência sobre as razões da reforma e sobre as linguagens do celebrar com autenticidade. É necessário viver a Eucaristia como mistério da fé autenticamente celebrado, bem cientes de que a inteligência da fé (*intellectus fidei*) sempre está originariamente em relação com a ação litúrgica da Igreja (SaC 34).

Uma leitura atenta da constituição litúrgica mostra que o Concílio pensou em dois meios para possibilitar e fomentar a participação ativa, consciente e frutuosa dos fiéis na liturgia: a educação litúrgica do clero e dos fiéis e a reforma da própria liturgia. Sem a formação, a reforma torna-se deformada e estéril. Por isso, antes de mostrar os princípios a serem reformados, a SC trouxe a natureza teológica da liturgia (SC 5-8) e a necessidade primordial de uma formação litúrgica (SC 14-19).

O fruto mais visível do Concílio Vaticano II deve ser uma comunidade renovada, que canta o louvor ao seu Senhor, que tem consciência da participação nos mistérios de Deus que passam pela realidade profundamente humana dos sinais da liturgia. A liturgia é vida para todo o povo da Igreja: uma ação do povo, mas também para o povo. A ação ritual é uma praxe simbólica que comunica a aliança entre pessoas, manifesta a totalidade das ações, cria comunidades e estabiliza a vida. São ações genuinamente humanas que fazem a vida festiva e encantada. Ao excluí-las da necessidade humana, o vazio toma conta do interior, tudo se torna apenas sobrevivência e repetição, e vivenciamos uma sociedade em que o cansaço é o sentimento mais comum. Em razão disso, a SC quis renovar um entrelaçamento mais estreito entre rito e vida.

A participação ativa é a promotora da reciprocidade entre a interioridade pessoal e a interioridade ou pertença eclesial-comunitária. Participar de modo ativo da liturgia é o contrário de ativismo ou de ativa participação. A participação ativa é entrar e fazer parte, ser em comunhão, abertura ao dom dado e responsabilidade pelo dom recebido. Dessa maneira, é preciso tomar cuidado para que as nossas liturgias não se tornem ocasiões para fazer tantas coisas (entrar tantas coisas), manifestar tantas vaidades e exaltar tantos devocionismos pessoais. Nada melhor do que uma liturgia que apresenta a beleza do rosto de Cristo. Sem muita informação e sem a necessidade de uma acolhida supérflua em nome da pastoral e de uma criatividade sem sentido pastoral.

Intoxicados com o subjetivismo contemporâneo, a celebração litúrgica nos liberta da prisão de uma autorreferência alimentada pelo próprio raciocínio e pelo próprio sentimento. A liturgia não diz *eu*, mas *nós*, não nos deixa sozinhos na busca de um suposto conhecimento individual do mistério de Deus (DD 19). Tal redescoberta foi um dos melhores frutos da movimentação a favor do resgate da originalidade teológica da liturgia iniciada no final do século XIX.

É importante, pois, considerar a sequência compreender, participar, celebrar. O primeiro compromisso é o de permitir que o povo compreenda, favorecendo a necessidade do "formar-se para a liturgia". O "participar ativamente" significa afirmar a ação do indivíduo na comunidade e a própria ação celebrativa no indivíduo, caracterizando o "formar-se pela liturgia" (DD 34).

A participação ativa educa cada fiel a descobrir a unicidade autêntica da própria personalidade, não em atitudes individualistas, mas na consciência de ser um só corpo (DD 51). O intuito de formar no sentido ritual das partes da missa não tem o interesse de dizer o seu significado total. O rito é incrivelmente performativo se o deixamos agir. Ele transforma, educa e amadurece. Valorizar o performativo do rito é acreditar na sua capacidade de formar "fazendo". Os ministérios devem contribuir para envolver a comunidade e ajudá-la a entrar na ação litúrgica, não explicando ou informando os seus significados. Nesse sentido, é preciso cuidar com as monições (comentários) ou explicações durante a ação ritual. Preocupar-se com a recepção da mensagem no mesmo tempo que a ação acontece desfavorece a força do sistema simbólico-ritual e o torna um conteúdo a ser aprendido, objeto de análise, e não a ser celebrado.

Aprender a celebrar significa aprender a entrar na sequência ritual, fiel ao *que coisa* se celebra (o mistério da salvação), ao *quem* celebra (a assembleia reunida) e ao *como* se celebra. A relação entre a salvação operada por Deus e a celebração de tal salvação na liturgia é tão estreita que a comunidade cristã não pode crer na primeira sem realizar a segunda (Bonaccorso, 2003, p. 13). Dessa maneira, aprender a celebrar com arte significa ativar as competências simbólico-rituais dos ministros e da assembleia na abertura ao dom da graça.

Celebrar significa tomar consciência de ser alcançado pela graça, estruturando-se como sujeito cristão e assumindo uma vida ética profundamente litúrgico-sacramental. Ser formado para a liturgia não quer dizer que se precise fazer muitos cursos para preparar a celebração ou ler muitos livros, mas deixar-se formar pela própria ação litúrgica. A liturgia não é a compreensão de uma ideia que se explica por meio de um rito, mas é a experiência do mistério mediante as ações e os gestos realizados no rito. Portanto, a celebração pode ser definida como o momento expressivo, simbólico, ritual e sacramental no qual a liturgia se torna ato que evoca e torna presente, mediante palavras e gestos, a salvação realizada por Deus em Jesus Cristo com o poder do Espírito Santo (Martín, 2022, p. 158).

A liturgia perde o seu significado quando vive entre os racionalismos escolásticos, as projeções utópicas da tradição moderna e a supremacia da emoção do mundo pós-moderno, não sendo capaz de realizar a mediação entre o sujeito, o seu contexto vital (sociocultural) e a alteridade de Deus. Não podemos refazer o caminho feito até agora nem retroceder, o Concílio e a SC são um ponto de partida, uma referência fundamental a atualizar e a avançar. Não se trata de ruptura, nem de continuidade, mas de vitalidade: a vitalidade da fé de ontem que é, para nós, o testemunho que fecunda a fé viva de hoje. Conhecer essa riqueza nos ajuda a celebrar com todo o nosso ser – corpo, alma e espírito – a Eucaristia, que deve ser para toda a comunidade cristã fonte de espiritualidade. Portanto, não se trata de recuperar evidências e valores, mas redescobrir o valor originário e elementar dos símbolos e dos ritos.

É preciso configurar um novo imaginário simbólico. Viemos de um passado em que a fé cristã e a prática litúrgica eram evidentes. Nesse contexto, a catequese era considerada preparatória à liturgia, se formava para celebrar. O ensinamento e a explicação eram os melhores meios para acompanhar a vida do crente. Passava-se do compreendido para o celebrado. Mas, hoje, em nosso tempo, essa abordagem intelectualista não é mais suficiente para a vida eclesial. Essa é uma questão decisiva para o futuro da Igreja. A premissa fundamental toca a significação do símbolo que não reside isoladamente na matéria (*res*), nem somente no gesto, nem na pessoa que o oferece ou o recebe, mas na atividade intercambiada por objetos, palavras, gestos, relações, culturas, identidades e na abertura ao mistério. A harmonia dos sinais (canto, música, palavras e ações) é tanto mais expressiva e fecunda quanto mais se exprimir na riqueza cultural própria do Povo de Deus que celebra (CIgC 1158).

O símbolo indica a nossa relação significante com a realidade. Esse caminho adverte a importante saída do "mínimo necessário" sacramental marcado por razões de validade e funcionalidade e a entrada no rico espaço da fé, do movimento do Espírito e da memória salvífica acontecida por meio do rito. O rito é o significado em ação, revelando a superabundância de possibilidades: escuta e diálogo, celebração e oração, testemunho e festa, serviço de caridade e gestos de fraternidade. Passar da ideia de rito para a ideia de ação ritual impede de pensar o rito como algo simplesmente objetivo e estático e nos permite assumir a sua dinamicidade e abertura. Na dinâmica simbólica, o sinal não produz eficácia por aquilo que significa, mas pelo que realiza. A diferença qualitativa está no gesto realizado. A leitura simbólica, sendo assim, não é uma questão de conhecimento mental, de aquisição de conceitos, mas uma experiência vital (DD 45).

Na celebração litúrgica cada ato da vida ordinária vem transposto. É essa transposição que lhe confere um simbolismo. Como o modo de levantar-se, de caminhar para o livro, de tomá-lo nas mãos, de estar ereto, de olhar, de esperar na imobilidade antes de proclamar a Palavra, o leitor recorda a todos que se trata da Palavra de Deus, uma palavra que também ele é chamado a escutar. É o modo pelo qual os atores se deslocam, falam, caminham, manejam os objetos que transfiguram a ação para fazê-la entrar no universo simbólico. Dessa maneira, é o modo como o presbítero toma e eleva o pão, em silêncio, imóvel, antes de pronunciar as palavras previstas no ritual, que dá consistência ao que se tornará o corpo de Cristo (CNPL, 2015, p. 188).

O efeito da ação sacramental é vital, não simplesmente mental. As ações rituais-simbólicas revelam que na liturgia Deus e o homem, Cristo e a Igreja agem de forma contemporânea. A celebração é totalmente ação de Deus e totalmente ação do homem. Fora dessa compreensão o risco é cair em uma perspectiva "puramente teológica" ou "puramente antropológica", não sabendo equilibrar culto e vida. A liturgia é *viva* em virtude da presença viva d'Aquele que "morrendo destruiu a morte e ressuscitando nos restituiu a vida" (Prefácio Pascal I). Sem a presença viva e atuante do mistério de Cristo, não há qualquer vitalidade litúrgica.

Não é desproporcional considerar a Eucaristia como uma "festa de humanidade"; ao apresentar à nossa memória viva o evento fundador, promessa de toda a história da salvação, fazemos dele uma forma de vida (Lafont, 2021, p. 85). Como toda festa humana, na Eucaristia trocamos palavras e dons, alimentos e experiências, hospitalidade e responsabilidade. Dessa maneira, a Eucaristia é uma resposta à falta de sentido existencial, à crise de fé e de estética dos tempos atuais. Ela reconstrói o humano em nós, restabelece a comunicação e o reconhecimento. A voz divina ativa nossa identidade fazendo-nos voltar ao nosso ser essencial. A voz divina reconstrói nossa dignidade ajudando-nos a nos conectar com o nosso ser profundo.

# I
# Educados ao mistério

Uma época em mudança transforma as várias dimensões do humano: gestos, linguagens, sensibilidades, relações e desejos. No âmbito da fé e na dimensão eclesial, tal mudança transforma a questão ritual e a dinamicidade simbólica. Os ritos religiosos têm uma altíssima densidade de sentido e não podem ser suportados pela capacidade ritual da nossa época. Não é que não compreendemos os ritos, não temos estruturação antropológica para vivenciar a intensidade do sentido, o peso da verdade e o valor simbólico da ação ritual. Propor os sacramentos a quem não está habilitado a suportar uma alta carga de verdade na sua ritualidade fundamental de existir é como querer que a tecnologia de hoje funcione em um aparelho antigo. A experiência torna-se frustrante (Belli, 2018, p. 17).

Nesse sentido, a questão sobre a Iniciação Cristã hoje é bastante ampla e merece novas interrogações e, enquanto denuncia a inadequação de um modelo educativo herdado do passado, convida-nos a uma radical renovação do pensamento e da ação. Hoje, não basta dizer que estamos celebrando o Mistério Pascal de Cristo na liturgia, pois dizer isso talvez seja a manutenção do objetivismo abstrato dos tempos remotos; mas, redescobrindo a centralidade antropológica da liturgia, precisamos acreditar que é por meio dos mecanismos humanos e da alteridade temporal da existência que o Mistério Pascal atinge e revela o seu aspecto salvífico mais profundo.

A presença e a vida, a morte e a ressurreição de Jesus não são objetos de investigação, mas proclamação que liberta nossa história, inaugura continuamente um tempo novo e liberta a verdade do tempo atual. Então, o Mistério Pascal é recontado com mais verdade e é alcançado com mais realismo não nos livros de teologia, nem mesmo nos catecismos; tudo isso vem antes ou depois, pouco importa (Lafont, 2021, p. 109). A introdução no mistério de Deus somente é possível no âmbito de fé. Com efeito, o homem avança nas profundezas desse mistério à medida que cresce na fé, dom vital que inter-relaciona o humano com o divino. Essa realidade de vida à qual todo batizado é chamado não é, portanto, uma mera utopia, fruto da inventividade humana, mas uma experiência, possível e real, que tem as suas raízes na Revelação e sua principal expressão na celebração. Há um vai e vem constante entre os *sagrados mistérios* e a *Sagrada Escritura*.

O texto que segue tem muita poesia, espiritualidade, sensibilidade pastoral e formação teológica. Não é o exercício de um teólogo que busca sistematizar a celebração litúrgica a um puro ritualismo objetivado e rubricista (*ad validitatem* e *ad liceitatem*). Ativar o mistério da liturgia nos exige uma consciência da ação litúrgica, uma compreensão da linguagem simbólica e uma sensibilização da inteligência na abertura ao Transcendente, por meio de uma cultura bíblica. O caminho a ser alcançado é de uma liturgia mais evangélica, de acordo com a imagem de Deus que a própria liturgia quer comunicar. Assim, o complexo ritual que a constitui – gestos, palavras, cantos, espaços e vestes – deve corresponder ao Evangelho de Jesus Cristo.

A formação litúrgica, como toda atividade formativa, é uma questão extremamente delicada. Afirma-se a necessidade, mas não é fácil compreender a modalidade mais autêntica e adequada. Para contribuir com essa situação faz bem esclarecer o sentido próprio da formação litúrgica e adequá-la na sua relação com a reforma da Igreja. A renovação e a formação litúrgica têm como finalidade favorecer a compreensão do verdadeiro sentido das celebrações na Igreja. A ação ritual, com as suas objetividades, põe a comunidade a salvo dos subjetivismos, resultado da prevalência de sensibilidades individuais, e de culturalismos, aquisições acríticas de elementos culturais que nada tem a ver com um processo correto de inculturação (DD 49).

Não é possível que a liturgia exprima beleza se for entendida como uma simples fonte de bem-estar, de *fitness* espiritual, de consumismo moderno e de conservadorismo imperial e faustoso, como aparece nas deformações pastorais de algumas espiritualidades contemporâneas. A beleza da liturgia não é uma beleza "cosmética", resultado de sofisticados artifícios; nem uma beleza "estetizante", expressão de um espírito clericalista e mundano, plena de autoritarismos, elitismos narcisísticos e somente atenta ao fator decorativo da ação litúrgica; nem também uma beleza que garante o emocionalismo fácil, a imanência das próprias razões e sentimentos intimísticos (EG 94). A beleza da liturgia deve ser colhida na ótica da gratuidade, do dom e da tarefa, da poesia da celebração cristã como ato que funda e forma a fé. Com efeito, uma visão da liturgia somente conceitual, didática e emocional vai contra a natureza de *forma que dá forma*, segundo a qual os fiéis se deixam plasmar e educar pela ação litúrgica, como expressão do culto da Igreja e fonte da vida cristã. De fato, um cuidado ritual marcado pela "mundanidade espiritual" não evangeliza nem educa porque não traduz a ação celebrativa em vida e não encarna a Páscoa de Cristo na nossa história.

Formar à liturgia ou no espírito da liturgia é educar a viver a plenitude cristã através de escolhas evangélicas. A liturgia é fonte de formação porque nela age o primeiro formador da mente e do coração: o Espírito Santo. A experiência do Espírito é radical e garantia para todos os que se deixam envolver pela participação ativa e plena. A epiclese não é somente a oração consecratória, mas a realidade formativa do rito cristão. Desse modo, a condição básica da formação é deixar-se permear da profundidade do mistério de Cristo através das diversas linguagens da celebração.

A sensibilização simbólica acontece por meio de uma educação inteligente para o mistério humano-divino que acontece na própria celebração litúrgica. Fazer isso é fazer *mistagogia*. Uma palavra que foi esquecida do vocabulário litúrgico-sacramental, mas que tem voltado fortemente, sobretudo com o resgate do Ritual de Iniciação Cristã de Adultos. Não pretendo fazer um estudo específico sobre o vocabulário da mistagogia, mas somente lembrar alguns dados. Podem ser encontradas diversas fontes e autores que desenvolvem e explicitam a evolução do termo. Um dos estudos coloca em evidência o aspecto poético dos textos mistagógicos. O mistério é descrito de modo simples e cheio de fervor sagrado. Há a alegria da verdade e o entusiasmo pela verdade. Outro estudo define mistagogia como catequese sobre os mistérios, distinguindo a catequese que precede a iniciação sacramental da catequese que a segue (Mazza, 2020, p. 18).

O termo mistagogia significa, hoje, a catequese sobre os sacramentos com uma particular referência à quarta etapa da iniciação à vida cristã. É o tempo de uma maior participação na vida sacramental da Igreja. Dirigida aos recém-batizados (neófitos), a prática mistagógica envolvia a exposição do significado dos ritos e símbolos litúrgicos após a celebração ritual. O termo, derivado da língua grega, é composto por dois conceitos: *mist* (vem de mistério) + *agogia* (relativo a conduzir ou guiar). Antes de falar e explicar algum símbolo ou rito, portanto, é preciso experimentá-lo na vida, visualizá-lo, deixá-lo para os sentidos do corpo para chegar à mente e ao coração (Paro, 2018, p. 28).

A mistagogia é, ao mesmo tempo, conhecimento do mistério contido nas Escrituras e conhecimento do mistério contido na liturgia. O objeto do conhecimento é único: o mistério de Deus (Boselli, 2014, p. 15-16). Portanto, a mistagogia é uma pedagogia poética, uma forma de catequese e uma profunda teologia espiritual. É uma maneira de fazer teologia no sentido autêntico do termo. Se a liturgia é o âmbito no qual se confessa a fé e ela mesma é expressão da fé da Igreja, a liturgia é um lugar teológico.

Mistagogia é fonte de abertura à dinâmica da Revelação; é caminho, percurso, trajetória de adesão, crescimento, aperfeiçoamento; é participação nos ritos e celebrações litúrgicas de forma ativa e consciente; é a Palavra acolhida que revoluciona a dinâmica pessoal e comunitária; é contemplação orante do mistério que se revela na história; é a penetração progressiva até o encontro definitivo com o mistério de Deus; é a Igreja sacramental e caminhante no mesmo processo mistagógico.

Nessa acepção, a experiência mistagógica nos coloca na eterna novidade da Revelação e se fundamenta na pedagogia divina, revelando seu projeto de amor com atenção, zelo e respeito pela condição de cada pessoa[1]. É uma experiência de fé que, refletida na própria vida, transforma a existência e a conduta pessoal.

---

1. A rigor, a mistagogia não se confunde com a pedagogia. Porque não se trata simplesmente de iniciar ou acompanhar alguém rumo ao desconhecido, antes se trata de ajudar aquele que já passou pelos sacramentos da iniciação cristã na progressiva compreensão do mistério salvífico que já opera nele. Logo, trata-se de uma "leitura" da ação da graça no fiel, de conduzir o iniciado a viver plenamente o dom recebido, o mistério da salvação (Martín, 2022, p. 476).

Iniciar à luz da mistagogia significa iniciar à luz de um itinerário de reconhecimento do dom recebido: estar na Igreja e ser Igreja. Nesse sentido, temos de falar de iniciação a um profundo sentido de Igreja que contribua ao discernimento e ao entendimento da intensidade da vida cristã no mundo. Sem iniciação, o cristão não consegue costurar a polaridade entre o que é objetivo e o que é subjetivo, colocando-se dentro de um juridicismo pragmático e da moral casuística, vivendo a mágica do ritualismo e não a beleza da ritualidade. Sendo, de fato, iniciado, o cristão não será um pseudoadulto, narcisista e infantilizado, atacado pela esquizofrenia existente entre comunidade e sociedade, tendo que recorrer a ideias fundamentalistas, pelagianas e gnósticas para viver de modo "coerente" a sua fé e a sua vasta missão no mundo.

Temos necessidade de "ministérios" que sejam mistagógicos. Precisamos nos manter nessa consciência performativa e não informativa, mistagógica e não imediata (objetivada) que contribua para evitar as atitudes clericalistas, rígidas e indiferentes que, durante a celebração eucarística, impedem a eficácia de ser eficaz. A mistagogia receberá uma nova marca decididamente eficaz pelo valor do testemunho do mistagogo, não considerado apenas como simples diretores ou guias espirituais, mas homens e mulheres que fez e continua a fazer a experiência de Deus e, por isso, torna-se capaz de orientar os que estão prestes a fazê-la. Dessa maneira, a experiência de Deus não é prerrogativa de alguns poucos escolhidos, monges e clérigos, mas é uma vocação universal inerente ao coração de cada homem.

É o próprio conceito de mistagogia que empurra a todos para um percurso de renovação pastoral, de linguagem eclesial e de formação litúrgica. Não estamos somente diante de um modo de conceber e refletir, mas de um modo de falar e de fazer. Assim, vamos aceitando que a "iniciação à fé" tem como ponto de partida não somente o conhecimento dos conceitos, mas o conhecimento das ações, das narrações, dos espaços, dos tempos e das relações. Desse modo, graças à não pressuposição da fé, o estilo performativo-mistagógico se caracteriza como um percurso de conversão, protegido de sacramentalismos mágicos e de vícios sistemáticos que dificultam os caminhos de uma pastoral mais missionária.

O método mistagógico é o melhor caminho de condução para o mistério da Eucaristia. Ele nos educa a dar graças na celebração litúrgica da fé. Dar graças é o sentido originário do termo Eucaristia. Da memória que a Igreja faz das *maravilhas de Deus* nasce a ação de graças: quem celebra é uma Igreja que proclama a surpresa, a admiração, o louvor pelos acontecimentos do Senhor. A memória da obra da redenção suscita uma ação de graças ao Senhor (Biffi, 2022, p. 288). Com efeito, a mistagogia da Eucaristia nos coloca diante de três atitudes: primeira, aprender a dar graças, sempre e em todos os lugares, e não só em determinadas ocasiões, quando tudo corre bem; segunda, fazer da nossa vida um dom de amor, livre e gratuito; terceira, construir comunhão concreta, na Igreja e com todos (Francisco, 2018, p. 61).

Além disso, três são as passagens fundamentais: iniciática (*intro-ducere*), educativa (*e-ducere*) e cultural (*tra-ducere*). Somos convictos de que a dinâmica de introdução no percurso de iniciação à vida cristã significa introdução à fé. É o primeiro e fundamental percurso de crescimento: formar a fé por meio dos sacramentos. É um percurso de reconstrução da linguagem. A segunda passagem é o *e-ducare*, que significa tirar fora as concepções equivocadas da fé. São muitos os equívocos relacionados com a celebração litúrgico-sacra-mental. Sem abertura para tirar os equívocos que causam confusão e desunião na comunidade eclesial, a nossa forma celebrativa vira uma ideologia distante da fé da Igreja. Por fim, a última passagem, trata-se de vivenciar a experiência cristã com os seus códigos, símbolos, gestos comunicativos e figuras, enquanto capacidade de interpretar a vida humana e a realidade à luz da fé cristã. É a dinâmica de tradução da cultura que não é apenas admissão de códigos convencionais, habilidades, conhecimentos e métodos.

A reforma litúrgica faz sentido na medida em que, gerando um movimento contínuo de adaptação, renova continuamente a ação de entregar a liturgia ao povo e o povo à liturgia e redescobre a beleza de ser formado *pela* liturgia e *para* a liturgia (DD 34). Por verdadeiro espírito cristão se entende a dimensão experiencial – interior e exterior – do encontro com Deus no qual o crente cresce na acolhida efetiva da Revelação trinitária e, então, da fé, da esperança e da caridade. Tudo isso sem se dissociar da própria pertença ao corpo da Igreja e a todas as suas expressões, para que, assim, entre compreensão cristã e vida cristã se mantenha uma relação dialética, como a dimensão dialética da Tradição e da inovação na escuta aos sinais dos tempos.

Para formar-se verdadeiramente à liturgia e deixar-se ser formado por ela, é preciso entrar na celebração e experimentar o gosto que a liturgia faz viver nos ritos, nas palavras, nos gestos, nas preces, na gradualidade do mistério e na gratuidade do perdão. Dessa maneira, assumimos a consciência de que para celebrar é preciso ser formado, porém para formar-se é preciso celebrar. Essa prospectiva da complexidade modifica os posicionamentos ideológicos e considera que a realidade litúrgica, nos seus aspectos integrantes e constitutivos, é dinâmica. É a formação litúrgica que nos mostra como a realidade salvífica ultrapassa os limites do tempo e do espaço e alcança a comunidade celebrante em todas as épocas.

A formação em chave mistagógica nos ajuda a entender as diversas abordagens da ação formativa e pastoral da Igreja. Na verdade, desenvolvendo o discurso a partir da densidade do símbolo litúrgico, ela coloca uma nova luz na intencionalidade formativa, pois alimenta-se com a experiência concreta da fé celebrada e se opõe a toda redução formalista e ritualista da celebração. Assim, não transforma a teologia-litúrgica em erudição dogmática e a vivência existencial da liturgia em moralismo. Nesse sentido, a formação litúrgica será eficaz, também em relação à renovação eclesial e à conversão pastoral, porque ajudará os sujeitos da celebração a assumirem a forma cristã da existência na celebração e a partir da celebração. No celebrar o mistério da fé, dia após dia, a Igreja torna-se digna de estar na presença do Senhor e servi-Lo.

A atitude mistagógica pertence estruturalmente à ação ritual cristã enquanto contemplação e presentificação do mistério. A própria celebração é mistagogia ou experiência dos mistérios. Dessa maneira, é superada a visão redutiva que considera a celebração como meio para obter o fruto espiritual da graça e dos dons de Deus, e é superada a concepção conceitual e ideológica das celebrações litúrgicas transformadas em uma autêntica tempestade de palavras e de ideais morais, esquecendo os gestos, os símbolos, a estética e a participação plena e integral dos fiéis (Augé, 2002, p. 78). O caminho mistagógico é, ao mesmo tempo, conhecimento do mistério contido nas Escrituras e conhecimento do mistério contido na liturgia. O objeto de conhecimento é único: o mistério de Deus. As modalidades de expressão do mistério são duas: a Escritura e a liturgia. E o método de conhecimento é para ambas um só: mistagogia (Boselli, 2014, p. 18).

Portanto, torna-se sempre mais oportuno que alguns princípios transmitidos desde o período do Concílio sejam reafirmados de forma mais clara e postos em prática. É preciso continuar a percorrer esse caminho e olhar para o futuro, com base na constituição litúrgica do próprio Concílio. O Concílio Vaticano II colocou as bases para o futuro da Igreja e não é somente voltando nele que podemos recuperá-lo, mas é partindo dele que seguiremos na tentativa de responder a questões abertas até hoje e fazer mistagogia na própria celebração sacramental da fé.

## Cristo é o nosso mistagogo

Ao interior do mistério somos conduzidos pelo próprio Cristo. Ele é o nosso mistagogo principal, pois nos revela a obra da redenção e nos mostra a força salvífica presente no fazer em memória dele. Ao celebrarmos a liturgia, é o próprio Cristo que nos atinge e nos faz participantes do mistério de comunhão com Ele e com o Pai, no Espírito Santo. Este é o caminho da própria liturgia: vai do rito ao mistério, da ação à compreensão, da compreensão à ação, da exterioridade para a interioridade, do visível ao invisível, dos sinais sensíveis à realidade de fé invisível (Buyst, 2011, p. 120-122).

Quando a SC alarga a presença de Cristo nas ações litúrgicas e dá mais visibilidade a essa presença viva e atuante, tem o objetivo de mostrar que Ele é o protagonista principal das nossas celebrações. Cristo está presente na liturgia como mediador e como salvador que torna presente a sua obra e nos faz partícipes dela, associando-nos à sua dinâmica sacerdotal e redentora: "É Ele o sacerdote verdadeiro que sempre se oferece por nós todos, mandando que se faça a mesma coisa que fez naquela ceia derradeira" (OE V). Tudo o que significamos, tudo o que fazemos e dizemos na celebração litúrgica e sacramental são tão somente formas humanas pelas quais expressamos a presença atuante e salvadora de Deus invisível, mas misteriosamente visível nos sinais sensíveis (Borobio, 2009, p. 33).

Nesse sentido, a liturgia não é composta de ideias a serem comunicadas, mas de uma presença a ser percebida e experimentada. A beleza da liturgia não é uma questão estética de forma, mas uma questão teológica de conteúdo: a beleza da liturgia é a beleza da pessoa de Cristo e do seu dom pascal oferecido à comunidade celebrante (SaC 35). O convite a evangelizar com a beleza da liturgia não representa o caminho estético da sociedade, mas um apelo a reconhecer qual a vocação que a liturgia quer exprimir e realizar, mesmo com os limites humanos (EG 24).

A liturgia é bela na medida em que é epifania da graça salvífica de Cristo. A beleza da liturgia não consiste, então, na ostentação, mas na transparência dos gestos do Senhor. Não na exibição de um rito pomposo, mas na sóbria celebração do sacramento. É a nobre beleza e não a mera suntuosidade (SC 124). Os gestos humanos são enriquecidos em gestos concretos: plenos de amor, salvação e eficácia, conservando o caráter simples e ordinário. Gesto e palavra encontram na liturgia uma correspondência recíproca que confere uma eloquência particular de encontro.

A narrativa do Evangelho de Emaús nos traz essa perspectiva. Dois discípulos, desiludidos e frustrados pela morte do projeto de Jesus, estão em um longo caminho retornando aos seus compromissos do passado e às velhas concepções. Nesse caminho se fala somente de morte e de cruz. Um caminho feito de murmuração e cansaço. "Nós esperávamos que Ele fosse libertar Israel." Uma esperança conjugada no passado, ou seja, sem perspectiva de futuro.

Embora o Cristo tenha anunciado o evento da cruz aos seus discípulos, eles não esperavam que a violência seria tão forte e o medo tão latente. Permanecendo de longe quando tudo acontecia, cresceu no coração deles um sentimento de frustração e fracasso. Uns voltavam a pescar, outros retornavam para Emaús e outros ainda continuavam escondidos. A angústia do sofrimento, a decepção pela traição e o peso da negação eram uma "pedra" difícil de ser removida em seus corações. A força do Ressuscitado ainda não rompia o medo, a amargura e a culpa.

No caminho de retorno ao passado, eles encontram um homem que caminha e dá início a um profundo diálogo. O novo caminhante lhes revela, de maneira nova, as entrelinhas das Escrituras. Nenhuma palavra de reprovação, nenhum indício de condenação pelo retorno. Jesus não repreendeu, não acusou nem pediu explicações. Um encontro cheio de ternura, humildade e misericórdia. Com essa pedagogia misericordiosa, os discípulos vão curando a pouca inteligência do coração. O ardor do coração e o sentimento da razão são tão bons que os discípulos não querem que esse caminhante se distancie: "Fica conosco, pois já é tarde". Na partilha e na gentileza da mesa, com delicadeza e generosidade, surge a melhor das novidades: o caminhante é Jesus. Ele está no meio de nós! A consequência desse reconhecimento é o retorno a Jerusalém e o reencontro com a comunidade dos discípulos. Ao narrarem o acontecimento do caminho, Jesus aparece novamente no meio deles e lhes dá a paz, reconciliando o medo e curando a culpa.

É surpreendente a discreta aparição do Ressuscitado, o método utilizado por Ele para fazer-se próximo na vida cotidiana dos seus discípulos. O encontro ou a manifestação revela-se maravilhosa. Jesus voltou para aqueles que o abandonaram e, colocando-se a serviço, iniciou um novo processo de comunhão. Nos momentos de decepção e de fracasso, é forte a tentação de voltar ao passado. Há a nostalgia de fazer tudo como antes e pensar como sempre. É a mesma tentação que o povo no Egito teve ao desejar retornar à escravidão na casa do Faraó. Essa é a tentação de Pedro e dos outros discípulos quando voltaram a pescar e a tentação dos dois discípulos quando retornam a Emaús. É a nossa tentação cotidiana quando abandonamos todo o processo iniciado por algum pequeno fracasso. No nosso coração aninha-se a nostalgia do passado porque aparentemente mostra-se seguro diante da liberdade concedida por Cristo. Entretanto, o mesmo Ressuscitado que preparou os diversos encontros com seus discípulos também prepara um encontro conosco renovando nossa esperança, curando nossos remorsos, removendo nossas culpas, revelando uma palavra de vida e trazendo comunhão em abundância.

Se a Eucaristia não é enxertada na iniciativa de Jesus Cristo e não é interpretada a partir dele, nenhuma análise convivial ou relação cultural são suficientes. A Eucaristia é o mistério de Deus. É a memória de si que Jesus Cristo deixou aos seus, na vigília de sua morte (Lc 22,19). Sob esse perfil, pode ser considerada como o testamento de Jesus Cristo e, portanto, a expressão última e completa do seu amor (Jo 13,1). Se isso não sobressair com toda a evidência, e outras interpretações ou motivações se sobrepuserem; se nossa imaginação fizer perder a relação com a intenção de Cristo e se a formação caminhar em direção de uma outra explicação, teríamos nossa ceia, o nosso banquete, e o nosso sacrifício, mas não – como diz Paulo –

"a Ceia do Senhor" (1Cor 11,20), a comunhão com seu corpo e com seu sangue, com a cruz e com a ressurreição de Cristo (Biffi, 2022, p. 289). Uma comunhão celebrada na unidade existente entre a ceia e o calvário, a cruz e a ressurreição.

Fica evidente que o conhecimento de Cristo, questão decisiva para a nossa vida, não consiste em uma assimilação mental de uma ideia; mas, sim, em um real envolvimento existencial com a sua Pessoa. A celebração diz respeito à realidade de sermos dóceis à ação do Espírito, que nele opera, até que Cristo seja formado em nós (DD 41).

Cristo é o sacramento "primordial" do Pai, sinal e instrumento do encontro dos homens com Deus, a própria salvação. Ele na sua humanidade e divindade é o grande sacramento, o sacramento-base; melhor ainda: o sacramento-fonte de onde todos os sacramentos descendem. Nele e por Ele o amor trinitário se manifesta e se comunica com os homens e a resposta dos homens se manifesta e se comunica com a Trindade. Ele é o "protos-sacramento", o "sacramento original", o verdadeiro "único sacramento fundante" que visibiliza o amor e a graça de Deus de modo supremo. Ele é o fundamento e a razão de ser de toda a sacramentalidade.

A Igreja, referida a Cristo, age de maneira salvífica quando torna presente a ação salvífica de Cristo no tempo e no espaço. Dessa maneira, na sacramentalidade de Cristo se fundamenta a sacramentalidade da Igreja e dos sacramentos, como delineado nos textos conciliares (SC 5; LG 1, 3, 8-9, 48; GS 42, 45; UR 3; AG 1, 5, 15, 20-21; PO 6, 22). É a categoria de sacramentalidade que possibilita a articulação que existe entre a identidade da Igreja, o que ela é em si, e o seu operar no mundo, a sua missão universal. Portanto, a celebração é, em primeiro lugar e fundamentalmente, um ato pessoal do próprio Cristo que nos alcança, no plano da visibilidade terrestre da Igreja. A liturgia é "viva" em virtude da presença viva d'Aquele que "morrendo destruiu a morte e ressuscitando nos restituiu a vida". Sem a presença real e atual do mistério de Cristo, não há qualquer vitalidade litúrgica.

# II
# Convocados por Deus

O encontro do povo batizado em uma assembleia é a primeira ação da celebração litúrgica. O objetivo deste reunir-se não é colocar uma dimensão religiosa em uma comunidade natural para torná-la melhor, mais responsável ou cristã, mas é construir/fazer Igreja: "geração escolhida, sacerdócio santo, nação santa" (1Pd 2,9).

A SC expressa a necessidade de uma participação ativa, consciente e frutuosa em quase 25 parágrafos (SC 11, 12, 14, 18, 19, 21, 27, 30, 31, 33, 41, 48, 50, 53, 54, 55, 59, 79, 100, 113, 118, 121, 124). Quanto ao termo "participação ativa", deve-se notar a fundamental passagem existente entre *Mediator Dei* (1947) e *Sacrosanctum Concilium* (1963). É uma visão nova que compreende a profundidade do rito litúrgico para a vida de fé. A participação dos fiéis na MD não está relacionada ao rito, mas ao estado de espírito (MD 67). Ela é entendida como um contato íntimo da alma (*actus animae*) com o sentido da celebração, inclusive podendo acontecer por meio de manifestações devocionais (terços, ladainhas, meditação da Paixão...). A eclesiologia eucarística expressa na *Sacrosanctum Concilium* reconhece que a principal manifestação da Igreja se realiza na plena e ativa participação de todo o povo de Deus nas celebrações litúrgicas.

O Movimento Litúrgico foi um dos fenômenos mais complexos da história da Igreja do século XX. Seu ponto-chave consistia em desenvolver uma espiritualidade comunitária, ressuscitando a força das celebrações e tempos litúrgicos, em oposição ao individualismo religioso reinante (protestantismo), marcado pelas devoções particulares (pietismo católico), e uma linguagem adequada. A crítica fundamental do ML era que o mistério de Cristo, tal como se apresentava e se vivia na liturgia, em sua integridade e objetividade, não pertencia à centralidade da vida cristã. Os mistérios de Cristo não eram vistos como momentos sucessivos da Revelação e da força do Mistério Pascal. Tudo se concentrava na meditação-contemplação da Paixão de Cristo, na tentativa de gerar sentimentos de compaixão e arrependimento.

Uma nova noção de liturgia, entendida como linguagem comum da ação ritual e do Mistério Pascal, e a consequente participação ativa, como lógica do desenvolvimento do rito, definiu o programa de reforma do rito eucarístico promovida pelo Concílio Vaticano II. A reforma nos proporcionou o resgate do mistério de Cristo a partir do horizonte da história da salvação, pois a "obra da redenção dos homens e da glorificação perfeita de Deus, prefigurada pelas suas grandes obras no povo da Antiga Aliança, realizou-a Cristo Senhor, principalmente pelo Mistério Pascal da sua bem-aventurada Paixão, Ressurreição dos mortos e gloriosa Ascensão, em que morrendo destruiu a nossa morte e ressurgindo restaurou a nossa vida" (SC 5). A reforma litúrgica, fato irreversível e inquestionável, foi um precioso ato de serviço à Tradição.

A reforma do rito eucarístico foi, portanto, motivada pela necessidade de recuperar plenamente e para todos uma participação ativa na dinâmica ritual e orante. Não se trata de uma reforma intelectual, mas sim de uma mudança de perspectiva que teve a intenção de recuperar a verdade do culto eucarístico. É a *forma ritual* que assegura a plena eficácia pastoral do sacrifício da missa. Com essa intuição, o abuso litúrgico mais grave é constituído da redução da liturgia ao seu mínimo, a sua essência e a sua dinâmica conceitual, sobretudo, valorizando por demais a ideia de comunhão espiritual (Grillo, 2022, p. 42-47).

Conscientes de que o objeto da ação litúrgica é o Mistério Pascal, devemos saber que o sujeito dessa mesma ação é a assembleia dos fiéis com a sua diversidade ministerial: "as ações litúrgicas não são ações privadas, mas celebrações da Igreja, que é sacramento de unidade, isto é, povo santo reunido e ordenado sob a direção dos bispos" (SC 26). O constituir-se do povo de Deus é ato eucarístico, ou melhor, é sinal de ação de graças. A liturgia tira-nos de um suposto conhecimento individual do mistério de Deus e leva-nos pela mão, juntos, como uma assembleia, ao mistério revelado mediante a Palavra e os sinais sacramentais (DD 19). O constituir-se assembleia é o princípio curador das divisões, porque a diversidade e a diferença daquilo que somos encontra na liturgia a unidade necessária dos gestos, das ações e dos sentimentos comuns. Essa uniformidade educa-nos a descobrir a singularidade de cada um a partir da descoberta de um só corpo (DD 51).

> Na celebração da missa os fiéis constituem o povo santo, o povo adquirido e o sacerdócio régio, para dar graças a Deus e oferecer o sacrifício perfeito, não apenas pelas mãos do sacerdote, mas também juntamente com ele, e aprender a oferecer-se a si próprios. Esforcem-se, pois, por manifestar isto através de um profundo senso religioso e da caridade para com os irmãos que participam da mesma celebração. Por isso, evitem qualquer tipo de individualismo ou divisão, considerando sempre que todos têm um único Pai nos céus e, por este motivo, são todos irmãos entre si. Formem um único corpo, seja ouvindo a Palavra de Deus, seja tomando parte nas orações e no canto ou, sobretudo, na oblação comum do sacrifício e na comum participação da mesa do Senhor. Tal unidade se manifesta muito bem quando todos os fiéis realizam em comum os mesmos gestos e assumem as mesmas atitudes externas (IGMR 95-96).

Os cristãos formam um povo e fazem parte de uma convocação por parte de Deus. Eles não se compreendem sem uma resposta pronta e convicta da comunidade reunida. Nesse sentido, os cristãos se compreendem, se realizam e crescem como povo santo de Deus na celebração da Eucaristia. Desta maneira, a ação ritual não começa com o canto de entrada nem com o sinal da cruz, mas com o ato de Deus de convocar o seu povo e o ato do povo de responder ao chamado de Deus (Lv 23,24). A convocação de Deus caracteriza a ação litúrgica primordial; por isso, o constituir-se do povo de Deus é o primeiro ato eucarístico, uma verdadeira e real ação de graças (Boselli, 2014, p. 106-107).

Toda essa dinamicidade exige uma mente renovada e uma abertura fundamental ao dom do Espírito. Uma nova compreensão da ação litúrgica parte da leitura do rito cristão como uma linguagem comum a todo o povo de Deus, que determina uma nova visão de assembleia celebrante e da competência comum sobre a ação ritual (Grillo, 2019, p. 378). Todos os celebrantes participam da dignidade sacerdotal de Cristo, sendo esta a raiz do direito e do dever que eles têm de participar da liturgia (SC 14), ainda que, no interior do povo sacerdotal, Cristo tenha desejado estar presente, como cabeça e santificador de todo o corpo, pelo sacerdócio ministerial. Este sacerdócio e o sacerdócio comum dos fiéis participam do único sacerdócio de Cristo e se ordenam um ao outro, embora sua diferença seja essencial e não só de grau (LG 10). Por esses motivos, toda a celebração litúrgica é ação de Cristo total, cabeça e membros, ou seja, obra de Cristo sacerdote e de seu corpo que é a Igreja (SC 7).

Uma nova linguagem da "assembleia litúrgica" nos permite redescobrir a centralidade da própria ação litúrgica na Igreja: "meta para a qual se encaminha a ação da Igreja e a fonte de onde promana toda a sua força" (SC 10). A participação ativa é a promotora da reciprocidade entre a interioridade pessoal e a interioridade ou pertença eclesial-comunitária. Intoxicados com o subjetivismo contemporâneo, a celebração litúrgica nos liberta da prisão de uma autorreferência alimentada pelo próprio raciocínio e pelo próprio sentimento. A liturgia não diz *eu*, mas *nós*, não nos deixa sozinhos na busca de um suposto conhecimento individual do mistério de Deus (DD 19). Nesse sentido, a liturgia é *da Igreja* porque pertence a todo o corpo eclesial e é *para a Igreja* porque os sacramentos – toda a vida litúrgica – manifesta e comunica aos homens o mistério da comunhão do Deus amor (Martín, 2022, p. 177).

Após a ressurreição de Cristo, a assembleia comunitária litúrgica se torna *locus* da epifania do Senhor, que venceu a morte. Essa assembleia convocada por Deus reúne-se ao redor de duas mesas, a da Palavra e a da Eucaristia, que se encontram intimamente relacionadas (SC 51). Ao falarmos dessas duas mesas, se amplia a consciência de que "quando se celebra a Eucaristia somos uma só coisa: alguém preside, alguém lê, alguém toca, alguém acolhe, alguém leva os dons, mas todos realizam uma só ação da Igreja" (Grillo, 2017, p. 157).

A Eucaristia é ação comunitária de toda a assembleia eclesial, sendo, "por força do Batismo, um direito e um dever do povo cristão" (SC 14). É um fazer, não um sentir nem um ver: não somos espectadores mudos, mas homens e mulheres envolvidos e, de certo modo, corresponsáveis (SC 48). A reunião do povo é mistério. Ela é manifestação real e atuante da presença de Cristo. Dessa maneira, antes de qualquer ação litúrgica, proclamação

34

da Palavra ou ação ritual, requer-se a assembleia que é por si mistério e sacramento, graças à presença atuante do Senhor (SC 7).

A participação ativa não é simplesmente uma "participação" em um ato "compreensível", mas é a consciência de que "ritos e orações" são atos comunitários, que precisam de uma comunidade que se reúne, troca saudações, escuta a palavra, professa a fé, reza pelos ausentes, apresenta dons, louva, dá graças, abençoa, pede perdão, se dá a paz, compartilha o único pão e o único cálice, e se despede com fogo no coração. Essa é a transição de um "rito a se observar" (*ritus servandus*) por parte apenas do padre a um "rito a se celebrar" (*ritus celebrandus*) por parte de toda a comunidade. A participação ativa determina a ontologia do Mistério Pascal, não simplesmente a estética cerimonial da Igreja e a necessidade antropológica do humano (Grillo, 2019, p. 393).

A assembleia litúrgica encerra uma simbólica misteriosa: "contribui em sumo grau para que os fiéis exprimam na vida e manifestem aos outros o mistério de Cristo e a autêntica natureza da verdadeira Igreja" (SC 2). Ademais, ela é feita não somente de coisas, nem mesmo de ações ou palavras enquanto tais, mas, antes de tudo, de pessoas humanas. Essas pessoas são numerosas e diversas. Entre elas existem vários tipos de relações, de situações e de realidades. Na prática, essas características formam qualquer reunião humana, no entanto, a motivação da reunião litúrgica é diversa e profundamente original porque ela tem como ponto de partida a livre e gratuita iniciativa do Senhor que convoca o seu povo (2Cor 5,21).

O próprio Missal Romano, reformado a partir das considerações do Concílio Vaticano II, na primeira rubrica do rito da missa, afirma: "Quando o povo estiver reunido, começa a missa". Eis uma grande mudança de perspectiva que o Concílio introduziu. Não é suficiente que o padre esteja preparado, é necessário que a assembleia – sujeito em Cristo da ação litúrgica – esteja reunida. Na missa, autorizada pelo Papa Paulo VI, a mudança mais evidente é que, agora, todos são convidados a participar. E não apenas assistir. Assim, a missa volta a ser a oração de todo o povo sacerdotal e não apenas do padre. Nessa primeira estruturação já podemos contemplar o resgate da Tradição da Igreja. Toda a reforma na liturgia não é uma conclusão, mas o meio e o instrumento para que possamos realizar e valorizar a participação ativa. A assembleia é, portanto, a primeira realidade litúrgica e a constituição privilegiada da Igreja, que é "povo congregado na unidade do Pai, do Filho e Espírito Santo" (LG 4). Quando a Igreja descobre a necessidade de fazer experiência da participação ativa dentro da dimensão litúrgica, ela entende que a lógica da Eucaristia nunca pode ser aquela de assistência das ações do padre e reconhece que a inteira assembleia é sujeito (objeto) da celebração.

Congregar-se é ato social e pessoal, mas também é profissão de fé, pois nesse encontrar-se está escondida uma realidade divina. Atrás de cada batizado que chega para celebrar a Eucaristia existe uma esplêndida história pessoal de graças e fragilidades, de trabalhos e cansaços, de alegrias e esperanças, de intenções e motivações. Essas muitas realidades que compõem a assembleia serão unidas, não por meios e programas inventados por eles mesmos, mas recebendo a vida do próprio Cristo (Driscoll, 2006, p. 14-16). Nesse contexto, o corpo comunitário da liturgia antecipa e simboliza como deveria ser o corpo social, político, em que todos os cidadãos na diversidade de suas funções edificam o bem comum e o bem de cada um: "a assembleia litúrgica é sinal, sacramento da união de tudo e de todos em Deus; união essa que norteia todo o nosso viver" (Buyst, 2008, p. 43).

> Penso em todos os gestos e palavras que pertencem à assembleia: reunir-se, andar cuidadoso em procissão, estar sentado, de pé, ajoelhar-se, cantar, ficar em silêncio, aclamar, olhar, ouvir. Há muitas maneiras pelas quais a assembleia, como um corpo, participa da celebração. Todos juntos fazendo o mesmo gesto, todos falando juntos em uma só voz – isso transmite a cada indivíduo a energia de toda a assembleia. É uma uniformidade que não apenas não amortece, mas, ao contrário, educa os crentes individuais para descobrir a singularidade autêntica de suas personalidades não em atitudes individualistas, mas na consciência de ser um só corpo (DD 51).

A assembleia é sinal da Igreja que "contendo pecadores no seu próprio seio está sempre necessitada de purificação" (LG 8). Assim, a assembleia não reúne somente santos e perfeitos nem está reservada a uma espécie de elite espiritual. Na assembleia da Igreja estão todos, santos, imperfeitos, pecadores, para que em todos se manifeste a prodigalidade da misericórdia e da graça: "todos podem participar de alguma forma na vida eclesial, todos podem fazer parte da comunidade, e nem sequer as portas dos sacramentos se deveriam fechar por uma razão qualquer [...] a Eucaristia, embora constitua a plenitude da vida sacramental, não é um prêmio para os perfeitos, mas um remédio generoso e um alimento para os fracos" (EG 47).

Com efeito, a natureza específica da ação ritual-simbólica é a constituição de uma assembleia, não predeterminada ou selecionada, mas convocada pelo Espírito. Essa é a primeira "matéria" para poder bem celebrar. Fazer comunhão com os irmãos é a primeira condição para fazer comunhão com Deus: "fazei de nós um só corpo e um só espírito". O povo convocado serve antes do pão e do vinho e sem esse não se dá Eucaristia.

Diante disso, devemos excluir dois aspectos inconciliáveis com a celebração litúrgica. O primeiro aspecto a ser excluído é a dinâmica privada da missa; o segundo, derivado do modo autêntico de entender a comunidade celebrante, é a dinâmica pública. Nem privada nem pública, mas comunitária, "caracterizada pela presença e ativa participação dos fiéis" (SC 27). A sensibilidade comunitária é um dado adquirido, embora não esteja isento de dificuldades, ambiguidades e retrocessos.

A celebração nunca deveria ser reduzida à interioridade do indivíduo nem à exterioridade do público. A comunidade é a comunhão entre os homens, na recíproca alteridade, e dos homens com Deus, que é alteridade infinita (Bonaccorso, 2003, p. 95-100). Não podemos declarar que o povo é acessório para a liturgia, senão vamos favorecer uma ministerialidade desarticulada e optaremos por racionalismos sem forma e sentimentalismos sem conteúdo, centrados em práxis sacramentalistas. Nada de sacerdócio batismal, nada de sinodalidade, nada de centralidade da evangelização, nada de cuidado pastoral. Uma teologia que pensa a realização do mistério de modo incondicional em relação à presença do povo não merece ser chamada de teologia. Tornando-se em uma teologia que não consegue justificar a reforma litúrgica porque a grande reforma teve a sua verdadeira razão de ser na superação de algumas ideias clericalistas.

A liturgia é uma realidade central na vida do cristão. No "hoje" de cada celebração litúrgica, concretiza-se de modo efetivo e eficaz a realidade de nossa salvação (DD 2). A assembleia litúrgica é a epifania da Igreja e, como tal, deve ser a epifania de uma Igreja misericordiosa e da encarnação da misericórdia do Pai. Na verdade, a assembleia litúrgica, em seu estilo e sua maneira de ser e de fazer, é um sinal do que a Igreja é e faz. Então, a assembleia não é um elemento secundário da celebração.

Tantas vezes somos "enganados" quanto a nossas atividades pastorais, encontros e movimentos, reuniões e organizações, mostrarem uma comunidade viva. Entretanto, encontros, pastorais, movimentos e reuniões que não têm por centro a participação na liturgia, fonte e cume da vida da Igreja, serão reduzidos a um grupo que se reúne todas as semanas; a uma sociedade; a uma organização não governamental que tende a se cansar e acabar em poucos anos. O que dá vida a um encontro, a uma pastoral ou a um movimento é o envolvimento consciente e participativo na celebração litúrgica. Cada encontro deve levar-nos a essa consciência e somente assim poderemos sair edificados para edificar. A liturgia é o coração pulsante de todas as atividades da Igreja. É a beleza da liturgia que evangeliza (EG 24). Dessa maneira, precisamos ser iniciados pelo Espírito Santo na dinâmica de ser cativado pela liturgia para que deixemos de ser meros espectadores de uma liturgia cansativa e entediante.

Valorizar ao máximo a presença da assembleia é ainda o nosso maior desafio. Essa deve ser a nossa conclusão mais oportuna de tudo o que dissemos sobre o tema da assembleia, sobre a sua necessidade, sua dignidade e sua importância. É um caminho que deve ser assumido pela doutrina e na prática, respectivamente, assumindo os fundamentos teológicos e antropológicos e procurando os meios adequados para fazer da assembleia um sinal visível, credível e eficaz. A meta desse encontro é a edificação de pedras vivas. Não se entra na Igreja como se entra no supermercado, no teatro, no aeroporto, no banco ou na reunião de condomínio. No modo de entrar, escolher um lugar e esperar o início da celebração deixa-se a lógica privada para entrar na lógica eclesial do corpo de Cristo. Reunir-se é, portanto, modo de rezar, de testemunhar e de servir: é a forma inaugural, corpórea e espacial da comunhão com Cristo sacerdote, profeta e rei (Grillo; Conti, 2021, p. 14).

# III
# Elogio ao silêncio

Entre os atos rituais que pertencem a toda assembleia, o silêncio ocupa um lugar de absoluta importância. Toda boa liturgia começa do silêncio e no silêncio. Ele é a condição básica para qualquer ação litúrgica (Guardini, 1957, p. 20) e, dentro do espaço sagrado, ele nos dispõe para celebrar de modo devido os sagrados mistérios (IGMR 45). Toda a celebração eucarística está imersa no silêncio do início ao fim do desenrolar ritual (DD 52). O silêncio na liturgia é o pedagogo principal que conduz para que a celebração seja vivenciada na sua nobreza e na sua simplicidade. Com efeito, tecendo um elogio ao silêncio, desejo começar este percurso mistagógico.

A experiência litúrgica dos últimos anos tem procurado recuperar e atualizar essa afirmação. De fato, é mediante o silêncio que poderemos aclamar melhor "fala, Senhor, que o teu servo, escuta" (1Sm 3,10), pois Deus se faz ouvir não em meio ao ruído, mas em meio ao silêncio (1Rs 19,11-13). O sagrado exige silêncio. Um silêncio terapêutico e revitalizador que dispõe todo o nosso ser ao mistério de Deus. Pode parecer irrisório e paradoxal tentar descrever uma realidade tão misteriosa como a do silêncio. Falar dele não é coisa simples!

No mundo digital não existe silêncio, a comunicação é horizontal. A quietude e o silêncio não têm lugar na rede digital, pois ela está dotada de uma estrutura rasa de atenção. As redes foram feitas para o imediatismo e para as passagens rasas. Nesse ambiente nada é profundo ou pode ser aprofundado. Existe apenas produção e produtividade, superficialidade e velocidade. Nada é intensivo, mas extensivo e excessivo. O ponto fundamental é abrir a boca, revelar a sua opinião e dedicar-se à tagarelice supérflua. De fato, o capitalismo não gosta do silêncio. Em um espaço industrial, o silêncio revela que as máquinas não produzem. O ritmo cotidiano da vida corrida, o imediatismo das relações e a necessidade de uma resposta imediata, mesmo que superficiais, o aumento dos trabalhos e compromissos, a aceleração dos meios tecnológicos, do celular, do computador, da televisão tornam-se sempre mais instrumentos que impedem o homem de escutar a si mesmo. Impedido de escutar a si mesmo, torna-se quase impossível escutar a Deus, a sua Palavra e o outro.

O barulho da cidade, das redes e da sociedade hiperconectada entra nos nossos espaços sagrados e nas nossas liturgias ensurdecedoras e pro-dutivistas. Envolvidos no capitalismo, celebramos uma liturgia capitalista, muito informativa e pouco performativa. Por vezes, não apenas o barulho ou a altura do som revela uma liturgia capitalista. O excesso de informa-ções no espaço litúrgico, os penduricalhos para todos os lados e o abuso de vestes clericais de outros tempos é também manifestação de uma indústria consumista e de um grave barulho interior. O medo do vazio é uma das grandes angústias do nosso tempo. Queremos encher todos os espaços vazios, queremos preencher todas as lacunas, queremos ocupar todos os minutos. Vivemos em uma cultura do excesso, em que a pressa e a urgência são a norma. Mas a vida humana é feita de pausas, de silêncios, de espaços vazios; nesses momentos que se abre espaço para a criatividade, para a reflexão, para a interioridade.

Sabendo que as nossas assembleias e a nossa ação ritual são expressões da vida cotidiana, deveríamos ser conscientes do barulho no espaço celebra-tivo. De fato, o silêncio é um modo de estar, uma maneira de ser no mundo, um estilo de vida. É do silêncio mais profundo e verdadeiro que se torna possível escutar o Verbo, mas, para que Deus fale, é preciso se silenciar de todas as distrações, isto é, das distrações que não humanizam.

Um pequeno momento de silêncio é suficiente para observarmos uma série de reações imediatas (O que está acontecendo? Será que o padre pas-sou mal? Acho que ele está cansado demais!). Quando conseguimos chegar alguns minutos antes da celebração eucarística, logo podemos constatar os excessos. Todos os minutos devem ser preenchidos. Após os rosários e as ladainhas quase intermináveis, os músicos ocupam os últimos minutos antes da celebração para testarem o som e ensaiarem o "repertório" escolhido.

A Pastoral da Liturgia ainda está em busca dos leitores e discutem sobre as vestes que serão usadas. Alguns chegam e fazem questão de mostrar que chegaram e são fiéis à celebração dominical. É preciso que todos o vejam. Enquanto isso, o silêncio tão necessário para a acolhida do dom de Deus não tem o seu lugar.

A motivação principal para o silêncio na liturgia é a participação ativa e para que os fiéis possam inserir-se mais intimamente no mistério que celebram. A natureza do silêncio depende do momento celebrativo, se durante o ato penitencial ou no início da oração do dia, se após as leituras, a homilia e a comunhão (IGMR 45). Desta maneira, a verdadeira educação litúrgica não se restringe à aprendizagem das atividades exteriores, muitas vezes superficiais, mas envolve toda uma ação simbólica interior. O próprio celebrante principal deve ser o primeiro a educar-se para cada momento litúrgico e todos os seus elementos constitutivos.

> Entre os atos rituais que pertencem a toda assembleia, o silêncio ocupa um lugar de absoluta importância. É expressamente prescrito nas rubricas: toda a celebração eucarística está imersa no silêncio, que precede o seu início e que marca cada momento do seu desenrolar ritual. De fato, está presente no ato penitencial; após o convite à oração; na Liturgia da Palavra (antes das leituras, entre as leituras e depois da homilia); na oração eucarística; e após a comunhão. Não se trata de um refúgio no qual se esconder para um isolamento intimista, quase experienciando a ritualidade como se fosse uma distração: tal silêncio estaria em contradição com a própria essência da celebração (DD 52).

O silêncio não é redução ou ausência de palavras, mas disposição à escuta de outras vozes: aquela do nosso coração e, sobretudo, a voz do Espírito Santo (Francisco, 2018, p. 36). O silêncio constrói pontes, cria laços, onde, pela escuta e pela palavra, manifesta o apreço para com o outro, possibilita o aviar das relações sociais. O silêncio é um ato significativo como todos os outros. No silêncio pode existir um diálogo eloquente como pela imagem, pelo gesto, pelo som ou pela palavra. O silêncio, mais do que substância, é relação, faz o outro falar ou dizer-se, desvelar-se (Gonçalves, 2022, p. 35-50).

Na tentativa de não contradizer a essência da própria celebração ritual, recordamos que o silêncio litúrgico não é um refúgio interior nem isolamento íntimo. É algo mais grandioso: é símbolo da presença e da ação do Espírito Santo que anima toda a ação da celebração. Ele constitui um ponto de chegada dentro de uma sequência litúrgica, desperta a prontidão para ouvir a Palavra, ativa uma atenção melhor à atitude orante e nos dispõe a adorar o Corpo e o Sangue de Cristo (DD 52).

Esse silêncio é ativo e de escuta. Ele não é a mudez da doença, da tristeza ou da falta de esperança. É profundo e relacional: exercício da escuta sem distrações e da abertura do coração. A escuta vem *do* e *no* silêncio. O silêncio na liturgia não é o da inércia de uma assembleia individualista e informal. É o silêncio comunitário, nutrido e preparado pelo canto e pela catequese. É o cume da oração porque é da sua qualidade que veremos qual o sentido da participação. As palavras que nascem do silêncio servem muito, guardam uma linguagem total que atinge o ser humano por completo e o educa a viver no mundo de maneira diferenciada.

O silêncio na liturgia é um ponto unificador de comunhão: une o povo ao seu Deus, o espaço sagrado ao corpo celebrante, os sinais aos símbolos, a comunidade ao indivíduo, o verbal ao não verbal, o livro ao leitor, a Palavra àquele que escuta, o ouvinte ao canto. O silêncio ultrapassa a aparência do vazio, encarna a linguagem, conecta a razão com o coração, visibiliza o invisível e invisibiliza o visível. Na liturgia, os sinais sensíveis significam e, cada um à sua maneira, realizam a santificação dos homens (SC 7).

Antecipando as palavras, os cantos e os gestos rituais, o silêncio provoca um clima ideal no qual a comunidade reunida, de forma nítida e profunda, toma consciência da sua participação ativa, do significado daquilo que se celebra e de cada um dos atos celebrativos. A escuta silenciosa une as pessoas e cria uma comunidade sem comunicação. A ética do silêncio é, então, uma relação consigo mesmo, para acolher a realidade, o mundo, as coisas, os desejos, as ações, as desilusões e os outros.

A procura pelo silêncio na liturgia é sinal de maturidade celebrativa. Uma celebração que ensurdece os fiéis e não respeita o ritmo do rito, a sua pausa adequada e a sua respiração, cansa a comunidade celebrante. Não é o excesso de palavras que cria a comunicação efetiva, nem o excesso de silêncio significa ausência de relação. Ambas as realidades, em justo equilíbrio, são necessárias para se estabelecer um ótimo diálogo celebrativo. O silêncio não é somente pausa das palavras, mas também pausa do corpo, das mãos e dos braços, do olhar, da escuta e de toda a sensibilidade. Silenciar o ímpeto dos nossos impulsos ou da vontade autorreferencial é uma aprendizagem que se dá *no* e *com* corpo.

O silêncio unifica o corpo celebrante reunido. Uma comunidade reunida e disposta a celebrar o mistério deve recuperar esse silêncio de disposição. Esse silêncio permite o verdadeiro encontro entre palavra, confissão de fé e de louvor, intercessão pelo outro e a grande ação de graças que abençoa a tudo e a todos. Pelo silêncio sagrado, germina a ressonância do Espírito Santo nos fiéis e a união da oração pessoal à Palavra de Deus e à oração oficial da Igreja, nessa busca de unificação à iniciativa divina (IGLH 202).

O silêncio regula a fecundidade da palavra e a palavra é a manifestação do silêncio. O excessivo uso da palavra esteriliza o silêncio; por outro lado, a linguagem do olhar e do gesto favorece o silêncio interior. O silêncio permite que a palavra se expresse de forma clara, bem entendida e, sobretudo, que seja percebida e apreendida e, por isso, podemos afirmar que a plena participação em uma celebração será sempre desenvolvida mediante o bom uso do silêncio (Lenval, 1959, p. 43-47).

A participação litúrgica tão evocada na reforma do Concílio supõe o silêncio como atitude: o calar os sons exteriores e as vozes interiores, o aguçar todos os sentidos, seja para escutar uma leitura ou acompanhar uma oração, seja para cantar uma música, tudo se destina a voltar nossa atenção para o Senhor que se manifesta, que fala ao coração, que responde aos nossos anseios e reanima a esperança. E o silêncio culmina na comunhão, que é saborear a presença na intimidade do coração, uma presença que se manifesta em sinais. Ficamos aí presentes com todo nosso ser, em comunhão com o Senhor (Silva, 2017a, p. 24).

O silêncio, portanto, é a linguagem elementar da comunhão com Deus e com o próximo. É uma forma de cultura, de inclinação e de desejo (Grillo; Conti, 2021, p. 18-19). O silêncio é sinal e revelação da participação ativa. Podemos falar de vários tipos de silêncio: o de recolhimento que ajuda a entrar na presença de Deus; o de meditação que serve como resposta pessoal à Palavra escutada; o de adoração que reconhece a relação filial com Deus; o de súplica e o de apropriação; o da interiorização e o da aceitação das orações presidenciais.

# IV
# Ritos Iniciais

A disponibilidade de deixar-se tocar passivamente e querer tocar ativamente o mistério de Cristo com os próprios sentidos é a condição básica para participarmos de modo pleno e celebrativo da missa. A experiência corpórea, espacial-temporal, sensível e contingente dentro da ação ritual-litúrgica nos permite acessar a riqueza da tradição cristológica e eclesiológica da Igreja de modo insubstituível. Dito de outro modo, a exigência fundamental ou a preparação adequada para celebrarmos o mistério de Cristo é a disponibilidade de estarmos abertos ao próprio mistério da fé que envolve toda a celebração. É o mistério da salvação realizado por Cristo e o mesmo mistério de salvação realizado em nós. A disposição interna *e* externa é decisiva para nossa participação ativa. No entanto, mesmo que a qualidade e a norma da ação celebrativa estejam garantidas, isso não bastaria para tornar plena a nossa participação (DD 23).

A liturgia é uma questão de tato, seja no sentido de que é preciso "tato" para celebrar, seja no sentido de que o "tato" é o primeiro órgão em jogo. É essencial o modo como nos deixamos tocar pela Palavra, pelos outros, pela própria celebração e pelo mistério salvífico, pelo pão e o vinho (Grillo; Valenziano, 2017, p. 60). Dessa maneira, não há celebração nem caminho formativo sem sensibilização simbólica, percepção corporal, consciência ritual e dinamicidade comunitária, eclesial e espiritual. Somente uma formação séria, dinâmica e vital, que tenha o intuito de recuperar a capacidade de viver plenamente a ação litúrgica, sobretudo a serviço da verdade e da beleza do Mistério Pascal e da participação de todos os batizados nele, ligado ao mesmo tempo com a Tradição e a atualidade de cada realidade cultural, é um caminho necessário e urgente.

A própria liturgia é formadora da nossa fé, do nosso seguimento a Jesus Cristo, da nossa espiritualidade e da nossa personalidade. Ela não atua automaticamente, mas é dependente de atitudes fundamentais da nossa parte. Muitas vezes, fazemos da liturgia um momento didático ou moralizante, em que informamos temas, tratamos de situações e incentivamos compromissos. É lógico que tudo isso tem a sua validade. Entretanto, a liturgia forma na medida em que participamos da própria ação litúrgica de forma plena e frutuosa, ativa e consciente, exterior e interiormente. Ela nos forma quando entramos de verdade na proposta ritual, sem substituí-la por outras coisas (Buyst, 2007, p. 88).

> A contínua redescoberta da beleza da liturgia não é a procura de um esteticismo ritual que se compraz apenas no cuidado da formalidade exterior de um rito ou se satisfaz com uma escrupulosa observância rubrical. Obviamente, esta afirmação não quer de modo algum aprovar a atitude oposta que confunda a simplicidade com a banalidade rasteira, a essencialidade com uma superficialidade ignorante, a concreção do agir ritual com um exasperado funcionalismo prático (DD 22).

Rituais são práxis simbólicas que comunicam a aliança entre pessoas, manifestam a totalidade das ações, criam comunidades e estabilizam a vida. Os rituais não se prestam à subjetividade narcisística e ao individualismo moderno. Em oposição a emoções e afetos, os rituais sinalizam os sentimentos comunitários. Eles são ações genuinamente humanas que fazem a vida festiva e encantada. Ao excluí-los da necessidade humana, o vazio toma conta do interior e tudo se torna apenas sobrevivência.

O rito é uma celebração e como tal é um evento global no qual toda a comunidade está envolvida com a riqueza e a variedade expressiva da linguagem humana. A celebração, de fato, resulta de ação e paixão, palavras e silêncios, gestos e posturas, ritos e preces. Assim, na linguagem ritual encontramos todas as formas da comunicação humana: linguagem verbal e não verbal, gestual e simbólica, informativa e performativa. Esses aspectos contribuem, em particular, para a dimensão eclesial da fé cristã que na Eucaristia encontra sua origem e seu cume, sua fonte e sua meta (SC 10).

Na celebração sacramental da fé, todas as ações rituais-simbólicas revelam que na liturgia Deus e o homem, Cristo e a Igreja agem de forma contemporânea. O sacramento é totalmente ação de Deus e totalmente ação do homem. A intencionalidade divina e a liberdade do homem se interpelam na celebração sacramental. Nessa interpelação acontece o encontro entre a dimensão ascendente e a dimensão descendente da liturgia, respectivamente, entre a glorificação a Deus e a santificação dos homens (SC 7).

Falar de uma liturgia simples não significa falar de uma liturgia desleixada, mal preparada, negligenciada e, por isso, inexpressivamente não cristã. Pelo contrário, a beleza da liturgia deve ser procurada com compromisso e fadiga, inteligência e formação. A simplicidade é um ponto de chegada e não de partida. Tudo deve ser pensado de maneira nobre e delicada (*"nobilis simplicitas"*), em particular, as vestes, os tecidos, os arranjos, as imagens, o som e o canto. Uma liturgia marcada pela beleza não se nutre do fausto e da suntuosidade, tantas vezes expressão do mundano e do desumano. Não podemos carregar nossos espaços celebrativos de elementos pouco ou nada simbólicos, que dizem quase nada ou muito pouco. A liturgia é plena de beleza quando abre os nossos olhos para a beleza e a delicadeza de Deus (Boselli, 2014, p. 176).

O objetivo de aprofundar a forma correta do rito não tem a intenção de cair no formalismo nem na formalização, muito menos, no rubricismo e no ritualismo: "o rito reduzido a formalismo, a exterioridade, sem dimensão simbólica, sem suficiente atenção ao sentido que expressa e sem envolvimento afetivo" (Buyst, 2011, p. 51).

A forma do rito é determinante para a experiência de fé e para a vida da Igreja. Necessitamos viver uma forma que não seja autorreferencial, mas que nos introduza, de fato, no mistério celebrado e nos faça aproveitar da potencialidade da liturgia que requer adequada "inteligência sensível" e qualificada "sensibilidade inteligente" (Grillo, 2011, p. 588). Conhecer essa riqueza nos ajuda a celebrar de corpo, alma e espírito a Eucaristia, que deve ser para toda a comunidade cristã fonte de espiritualidade (Buyst, 2011, p. 18). O mistério que a Igreja celebra não é rapidamente evidente em toda a sua riqueza senão a quem, ao passar pela porta de uma Igreja, aprende a olhar, a caminhar, a interpretar os sinais com os quais o mistério, que a liturgia esconde e lhe fala (Caprioli, 2003, p. 289).

Não existirá outra arte de celebrar a liturgia se antes não se acreditar no rito, isto é, na necessidade de conduzir os itinerários que operam nos participantes uma transformação mediante a graça que a liturgia propõe aos fiéis em Cristo. Não existem detalhes que possam ser abandonados: um sinal da cruz é neste nível tão importante quanto uma elevação ou um gesto na hora de dar a comunhão. A calma com que se reza é tão importante quanto a convicção de uma homilia e o sóbrio lirismo do prefácio. Na liturgia, tudo fala! (CNPL, 2015, p. 30).

É muito importante retornar aos fundamentos, redescobrir aquilo que é essencial, por meio do que se toca, se diz e se vê na celebração dos sacramentos. A celebração eucarística requer a participação do nosso corpo: mãos, pés, olhos, boca, narinas e ouvidos. Não é a quantidade de gestos que importa, mas o significado; eles servem como expressão visível dos sentimentos e atitudes interiores daqueles que vivem um intenso momento de comunhão fraterna, entre todos os celebrantes, e filial com Deus. Os ritos e as orações (SC 48), por aquilo que são e não pelas explicações que deles damos, tornam-se uma escola para a vida cristã, acessível a quantos têm ouvidos, olhos e coração abertos para aprender o mistério de Cristo e a vocação dos discípulos de Jesus.

> Quando ia celebrar com seus discípulos a ceia pascal, onde instituiu o sacrifício do seu Corpo e Sangue, o Cristo Senhor mandou preparar uma sala ampla e mobiliada (Lc 22,12). A Igreja sempre julgou dirigida a si esta ordem, estabelecendo como preparar as pessoas, os lugares, os ritos e os textos, para a celebração da Santíssima Eucaristia. Assim, as normas atuais, prescritas segundo determinação do Concílio Vaticano II, e o Novo Missal, que a partir de agora será usado na Igreja de rito romano para a celebração da missa, são provas da solicitude da Igreja, manifestando sua fé e amor imutáveis para com o supremo mistério eucarístico, e testemunhando uma contínua e ininterrupta tradição (IGMR 1).

Os Ritos Iniciais que servem para a comunhão da assembleia são breves. Eles têm o caráter de exórdio, introdução e preparação (IGMR 46). Seu principal escopo é fazer-nos sentir assembleia celebrante, corpo comunitário, e povo de Deus reunido em torno do Mistério Pascal, corpo ressuscitado

(Buyst, 2008, p. 46). A palavra "introdução" não se aplica aos Ritos Iniciais somente em sentido funcional, mas em sentido iniciático. Os fiéis são tomados pelas mãos e conduzidos por ritos e preces a ouvir a Palavra e celebrar a memória (Taborda, 2015, p. 167).

Não mais como indivíduos isolados e soltos, mas como comunidade nos colocamos na presença de Deus. A Eucaristia é o ato de sair dos próprios limites e ir ao encontro de Deus junto com toda a Igreja. Os vários ministérios – presidência, leitores, ministros extraordinários, acolhida, cantores, acólitos... – servem como facilitadores dessa comunhão.

O significado dos Ritos Iniciais é duplo: reunir a assembleia e dispô-la a entrar no coração da celebração (Grillo, 2019, p. 109). A experiência comunitária do ato ritual se distancia de uma compreensão individual para o fiel singular, que deveria se preparar para o sacrifício da missa, e para o ministro, orientado a uma celebração "privada" do sacramento eucarístico. Todos juntos fazendo os mesmos gestos e falando juntos a uma só voz transmite a cada indivíduo a energia de toda a assembleia. Cada gesto e cada palavra contém uma ação precisa, sempre nova, porque encontra um momento sempre novo em nossa própria vida (DD 53).

A ação ritual compreende: canto inicial, procissão de entrada, sinal da cruz, saudação, ato penitencial, glória e oração do dia. Esse complexo de ações, gestos, orações serve para exprimir os sentimentos que animam a assembleia: a alegria, a unidade fraterna, o reconhecimento da presença de Deus e, por conseguinte, o reconhecimento do pecado, a súplica de misericórdia, o louvor e o pedido.

Todas essas ações são significativas e correm o risco de passarem despercebidas, desqualificando a vivência ritual. Elas exprimem desde o início que a missa é um encontro de amor com Cristo e com a comunidade. Em cada gesto e palavra, misteriosamente se faz presente, ainda que de modo velado e escondido, a força e a eficácia do Mistério Pascal. Na verdade, toda a reforma promovida pelo Concílio, a simplificação desejada dos ritos (SC 34), a introdução da língua vernácula, a adaptação aos diversos povos, a motivada participação dos fiéis [...] serviram para facilitar a compreensão e a participação do mistério cristão, continuamente revelado na liturgia.

Aprofundar a beleza do rito é redescobrir que na liturgia não se faz o rito pelo rito, nem a arte pela arte, nem simplesmente se repetem os gestos de sempre. Não é a funcionalidade do rito que expressa a beleza do mistério. Dessa forma, a liturgia não pode ser um puro espetáculo, mas revelação do conteúdo da fé mediante gestos nobres e simples (SC 34). Uma liturgia marcada pela beleza não está interessada por decorações supérfluas, ornamentações desarmônicas e desnecessárias, rendas e penduricalhos, excesso de símbolos. Uma liturgia bela nunca está repleta de estímulos externos ou de ruídos. Tudo é embalado pelo ritmo do rito. A falta do ritmo e o excesso tornam o nosso encontro dominical atordoante e ensurdecedor, e em vez de levar ao repouso de Deus, causa tensão, irritação, estresse e cansaço. Todos, ministros e assembleia, deixam a celebração mais tensos do que quando chegaram.

A celebração da Eucaristia é o lugar preeminente para o encontro com Deus; nela, Deus nos torna partícipes da sua obra e do seu descanso. Na Eucaristia está presente em plenitude todo o amor de Deus como dom e tarefa. Dessa maneira, a liturgia é bela na medida em que é epifania da graça salvífica de Cristo. A beleza da liturgia não consiste, então, na ostentação, mas na transparência dos gestos do Senhor. Não na exibição de um rito pomposo, mas na sóbria celebração dos sacramentos. Uma celebração pode até ser impecável sob o ponto de vista exterior, maravilhosa, mas se não levar ao encontro com Jesus, corre o risco de não oferecer alimento ao coração e à nossa vida (Francisco, 2019b, p. 55).

A beleza da liturgia não é uma questão estética de forma, mas uma questão teológica de conteúdo: é a beleza da pessoa de Cristo e do seu dom pascal oferecido na comunidade celebrante. Para que a beleza da liturgia não seja mundana e realize o seu fim, se faz necessário: vivo sentido da fé – que fuja da vanglória e da exibição de si mesmo; fuja dos sentimentalismos fracos e dos resultados psicológicos; e entre na compreensão do sentido eclesial pela aceitação de que todos são celebrantes.

## Caminhando e cantando

A assembleia convocada por Deus se levanta e começa a cantar. Enquanto uns caminham, outros cantam. Todos seguem a canção. O canto e o movimento são as primeiras ações rituais. Quando cantamos, as emoções e os sentimentos se ampliam e expressamos aquilo que apenas com palavras seria impossível. O canto faz fluir a alegria do encontro, a certeza da presença de Deus, o reconhecimento da sua bondade, a potência da celebração e a confiança no perdão. O canto, com efeito, com a riqueza de sons, tons, vozes, melodias, dá voz e cor à relação com Deus e com os irmãos.

A beleza do canto exprime a unidade da fé da assembleia. Muitas vozes juntas formam uma maravilhosa polifonia e uma verdadeira sinfonia. É a voz da Igreja! É uma sonoridade, uma encarnação da unidade da fé, da intercessão, do louvor da única Igreja pronta a celebrar a única Eucaristia (Driscoll, 2006, p. 23-24).

O canto de entrada não é para "acolher o padre e sua equipe", como muitas vezes ouvimos nas nossas comunidades. Ele é expressão de fé da comunidade reunida, como corpo de Cristo, no Espírito Santo. Deve estar relacionado com o tempo litúrgico, com o sentido dos Ritos Iniciais e com a realidade a ser celebrada (IGMR 47). Para cada celebração o Missal Romano sugere uma antífona, um curto versículo bíblico, que poderia servir como canto de abertura.

O canto é palavra musicada e música que fala, tem muitas e delicadas dimensões, serve como melodia e como harmonia. O canto é andamento, ritmo porque pode ser rápido ou lento, solene ou estonteante, alegre ou andante, devagar ou acelerado. Ademais, o canto é experiência e expressão do povo de Deus, não somente da *schola* ("banda"). Se tem um coral ou uma banda, eles existem para servir e sustentar o canto dos outros, não para serem ouvidos pelos outros. Essa dimensão por muitas vezes não vem considerada, desfavorecendo a participação ativa e contribuindo para os mudos e silenciosos espectadores. Uma assembleia que se alegra no canto é uma grande benção. A missa começa com a força da palavra feita canto e com o canto feito oração (Grillo; Conti, 2021, p. 23-25).

O canto e a procissão se unem e se iluminam. Na posição mais importante dessa procissão tem o bispo ou algum membro do seu presbitério. Eles tornam visível e concreta a presença de Cristo (SC 7). Essa procissão manifesta e, de fato, faz acontecer o que significa: Cristo passa no meio do seu povo. O movimento marca a transição do cotidiano ao simbólico: saímos do espaço externo e da vida cotidiana e nos dirigimos ao altar da celebração; do tempo histórico-linear ao tempo escatológico; dos fundos da Igreja ao seu centro. Toda a movimentação ministerial atravessando a assembleia tem o objetivo de arrastá-la para o centro da Eucaristia (Taborda, 2015, p. 168).

Uma procissão litúrgica é um exemplo de como todo o nosso ser se envolve em uma ação sagrada ordenada e coordenada: ela representa uma ação integrada, tanto no sentido individual como no comunitário. Esta é uma das características de toda a ação ritual. O ministro-presidente vem acompanhado de outros ministros. Todos estão vestidos com paramentos particulares que manifestam a diferença das funções (SC 26). Todos caminham em direção ao altar. Desde os primeiros séculos, o altar é considerado como o símbolo de Cristo.

Na chegada ao altar, o ministro-presidente e os concelebrantes realizam um gesto simbólico potente: o beijo. Nos ritos introdutórios, esse se coloca depois da inclinação, a primeira forma de veneração do altar, e nos ritos finais antes desta. O caráter desse gesto é de veneração, de afeto respeitoso e destina-se a expressar um caráter religioso e cultual. O beijo manifesta a adesão dos ministros e da Igreja a tudo o que acontecerá sobre o altar e a sua comunhão com o mistério revelado. É um gesto genuíno de adoração direcionado à pessoa de Cristo, o Verbo que se faz carne e alimento sobre o altar (Silva, 2017b, p. 266-279).

O altar é o centro da ação de graças que se realiza pela Eucaristia. É a mesa do Senhor na qual o povo de Deus é chamado a participar da fração do pão (IGMR 296). É o coração, o centro da assembleia eucarística e da própria Igreja: é a presença do Senhor Jesus. Logo, o altar é o lugar mais santo da Igreja. O altar é Cristo: "quando fitamos o altar, olhamos precisamente para onde está Cristo" (Francisco, 2018, p. 28).

Nesse contexto, a procissão de entrada é composta por muitos outros símbolos. À frente traz-se o turíbulo com o incenso. É a entrada no santuário celeste, onde os anjos nos ajudam a adorar. O incenso, o seu perfume e a misteriosa atmosfera que se cria nos ajudam a entender onde estamos e o evento que está para acontecer (Ap 8,3-4). O perfume do incenso lembra o bom odor de Cristo (2Cor 2,15-16). Ademais, o incenso significa a oração da assembleia que se alça em direção ao Pai. Após o turíbulo, vemos uma cruz imponente e potente: "essa cruz pode ser colocada junto ao altar, de modo que se torne a cruz do altar, que deve ser uma só; caso contrário, ela deve ser guardada no lugar adequado" (IGMR 122; 306-308). Ela revela o teor da nossa salvação. É a vitória de Cristo sobre o mal, o pecado e a morte: "pelo poder radiante da cruz vemos com clareza o julgamento do mundo e a vitória de Jesus crucificado" (Prefácio da Paixão do Senhor I).

Mais próximo do presidente da celebração, o diácono ou outro ministro traz o evangeliário (IGMR 172; 120; ILM 17). É a presença de Cristo na sua Palavra (SC 7). Naquilo que está para começar, Cristo dirá palavras fortes, de transformação e de sabedoria. O livro dos evangelhos torna-se sinal sacramental da Palavra de Deus. O Evangelho é colocado sobre o altar, no mesmo lugar que depois será colocado os dons do pão e do vinho. A colocação do evangeliário sobre o altar é o primeiro ato litúrgico que realiza uma figura de intenso significado teológico: a inseparabilidade entre o pão da Palavra e o pão da Eucaristia.

## Reunidos em nome da Trindade

Aproximando-se da sede e distanciando-se do altar (IGMR 50), a primeira palavra pronunciada pelo ministro-presidente da celebração, depois daquelas cantadas junto com a assembleia durante o ingresso, são as palavras trinitárias. O sinal da cruz é o primeiro ato de interação entre presidente e assembleia. Ele sinaliza que começamos a ação sagrada na força que vem do Deus trino por meio da cruz do Senhor (Taborda, 2015, p. 170). É sinal da totalidade e da redenção. Na cruz, o Senhor redimiu a todos e mediante a cruz Ele santifica o homem na sua totalidade. É preciso fazê-lo bem para que todo o nosso ser, corpo e alma, pensamento e vontade, sentido e sentimento, agir e sofrer, seja marcado e consagrado pela força de Cristo, no nome do Deus uno e trino.

Nesse sentido, não podemos imaginar um início mais solene e rico de significados. O sinal da cruz no início da liturgia é uma ação simbólico-ritual, carregada de profundo sentido humano, teológico e espiritual. Quem nos reúne em comunhão de fé e de amor para comungar a Palavra e a Eucaristia é o Deus da comunhão (Carvalho, 2014, p. 33). Esse gesto faz "com que os fiéis, reunindo-se em assembleia, constituam uma comunhão e se disponham para ouvir a Palavra de Deus e celebrar a Eucaristia" (IGMR 46).

Em outros tempos, a sequência que dava início à missa era reservada apenas ao padre, que subia ao altar, dando as costas para a comunidade celebrante. O padre rezava apenas para "si mesmo", pelo perdão dos próprios pecados, ou melhor, ele rezava para que apenas ele fosse digno de oferecer o sacrifício. A assembleia estava muda e assistia como espectadora. Essa liturgia expressava e marcava a separação dolorosa do povo de Deus. Havia um problema eclesiológico grave e sério. Dessa forma, não pode ser possível que haja católicos que não queiram aceitar a reforma litúrgica nascida da *Sacrosanctum Concilium,* um documento que expressa a realidade da liturgia intimamente ligada à visão de Igreja tão admiravelmente descrita na *Lumen Gentium* (DD 31).

O sinal da cruz é um símbolo e o gesto mais familiar para os cristãos. É usado em todas as celebrações litúrgicas, pois com o sinal da cruz consagra-se o corpo do Senhor, santifica-se a fonte batismal, os sacerdotes são ordenados e os outros ministros são enviados. O sinal exprime, com um gesto sintético, o evento central da fé cristã. Traçando-o sobre o nosso corpo indicamos a força da Trindade Santa. O corpo do crucificado toca o meu corpo e o prepara para celebrar.

A cruz é o distintivo que manifesta quem somos: o nosso falar, pensar, olhar e agir estão sob o sinal da cruz, ou seja, sob o sinal do amor de Jesus (Francisco, 2019b, p. 21). No começo e no final da missa, no começo e no final de nossas vidas, no começo e no final de tudo que fazemos encontra-se o sinal da cruz nos dizendo: esse lugar, esse espaço de tempo, essa vida, essa criança, essas pessoas, esse cadáver pertencem ao Senhor, e não será dele arrebatado quem carrega indelevelmente em seu corpo as marcas da mesma cruz (Ostdiek, 2018, p. 51).

Sendo assim, o sinal da cruz no início da liturgia não é apenas uma invocação trinitária, como muitos podem pensar e imaginar, mas reconhecimento de que somos povo batizado em nome da Trindade e unidos na fé da Igreja. A frase "em nome do Pai, do Filho e do Espírito Santo" condensa uma preciosidade para a comunidade celebrante. O sinal exprime, com um gesto sintético, o evento central da fé cristã. É o sigilo de pertença a Cristo e à Igreja. Com isso, nosso encontro litúrgico não é uma reunião qualquer. É o nosso Batismo colocado na sua plenitude. Fazendo o sinal da cruz não somente recordamos o nosso Batismo, mas afirmamos que a prece litúrgica é o encontro com Deus em Jesus Cristo, que por nós se encarnou, morreu na cruz e ressuscitou glorioso (Francisco, 2018, p. 29). É em nome do Senhor que o povo reunido se torna assembleia santa, povo sacerdotal.

## A Tradição na saudação

Marcados com o sinal da cruz, de forma imediata, ouvimos a saudação apostólica e somos acolhidos como assembleia de batizados. A saudação é sinal de respeito pela assembleia, sobretudo na sua qualidade de povo de Deus (1Pd 2,10), e a resposta do povo expressa "o mistério da Igreja reunida" (IGMR 50). Unem-se o desejo, a certeza e a chamada à presença de Cristo. Dessa maneira, exprime a fé comum o desejo recíproco de estar com o Senhor e de viver a unidade.

Com a saudação, o ministro e a assembleia assumem o primeiro contato. Um contato não apenas verbal, pois as palavras são acompanhadas do olhar e dos braços abertos em direção à assembleia. A saudação constitui o reconhecimento de que na missa é Cristo e a Igreja que agem de forma comum: os ministros estão a serviço tanto de Cristo como da Igreja. A gente nunca chega a refletir sobre a profundidade dessa saudação. A assembleia é mergulhada no mistério de Cristo, no mistério da Santíssima Trindade, no próprio Deus. Nesse momento ela se torna Igreja, o sacramento da Santíssima Trindade. Comunidade de filhos de Deus, de irmãos em Cristo, ela reflete a unidade de natureza e a pluralidade de pessoas em Deus (Beckhauser, 2012, p. 40).

A reforma litúrgica trouxe a saudação imediatamente após o sinal da cruz para dizer que todos os ritos e gestos iniciais pertencem a toda a comunidade sacerdotal. Não se pode tirar da assembleia o que lhe é devido por força da sua vocação batismal. A confissão dos pecados (ato penitencial), o louvor a Deus (Glória) e a oração da Igreja (coleta) são ações comuns da assembleia reunida e comprometida a participar do Mistério Pascal de Cristo.

A saudação não tem como foco primeiro uma palavra de boas-vindas dirigida à assembleia, mas uma saudação em sentido bíblico em virtude de uma vocação e de uma graça. Com essa saudação recordamos que a nossa fé deriva dos apóstolos, inclusive, a maior parte das saudações vem das cartas de São Paulo. A saudação nos coloca diante da continuidade da Tradição Apostólica. Elas expressam paz, amor, graça, bondade. É o desejo de que os dons sejam manifestados e se façam presentes no coração de cada celebrante. As fórmulas previstas pelo Missal Romano são:

• A graça de nosso Senhor Jesus Cristo, o amor do Pai e a comunhão do Espírito Santo estejam convosco.

• A graça e a paz de Deus, nosso Pai, e de Jesus Cristo, nosso Senhor, estejam convosco.

• O Senhor, que encaminha os nossos corações para o amor de Deus e a constância de Cristo, esteja convosco.

• O Deus da esperança, que nos cumula de toda alegria e paz em nossa fé, pela ação do Espírito Santo, esteja convosco.

• A vós, irmãos, paz e fé da parte de Deus, o Pai, e do Senhor Jesus Cristo.

• Irmãos eleitos segundo a presciência de Deus Pai, pela santificação do Espírito para obedecer a Jesus Cristo e participar da benção da aspersão do seu sangue, graça e paz vos sejam concedidas abundantemente.

A graça e a paz daquele que é, que era e que vem, estejam convosco.

• O Senhor esteja convosco.

A saudação na liturgia não quer acolher uma pessoa com necessidade de interação social, mas um povo batizado, pertencente à comunidade. O ministro saúda a todos não como um indivíduo qualquer ou como uma pessoa afável e simpática que as pessoas conhecem e de quem gostam. Ele saúda a comunidade reunida na sua função sacramental de representante de Cristo. E a saudação tem um valor tão alto que menor não poderia ser a resposta do povo convocado por Deus: "Bendito seja Deus que nos reuniu no amor de Cristo". Portanto, a saudação não deve atrair a atenção para aquele que preside, mas para o Cristo, o Senhor ressuscitado que preside a Eucaristia mediante o ministério ou serviço de presidência do bispo ou do presbítero.

Observando a fórmula das saudações, percebemos que essa assembleia não é uma assembleia formal-social, em que desejamos bom-dia, boa-tarde ou boa-noite. Dessa maneira, substituir a saudação litúrgica por um texto da vida cotidiana significa abaixar o dado sacro e litúrgico a um nível que, por melhor que seja, resulta sempre inferior (Raffa, 2003, p. 266). Essa assembleia também não é uma assembleia religioso-devocional, em que saúdo dizendo "Louvado seja nosso Senhor Jesus Cristo", "Paz e bem". Todas essas expressões são formas educadas e gentis de saudações sociais e religiosas, no entanto, pouco litúrgicas.

Após a saudação inicial, existe um espaço aberto para uma brevíssima introdução da missa do dia, feita pelo próprio presidente, por um diácono ou por outro ministro (IGMR 50). Esse é um dos níveis do exercício livre da palavra, ou seja, não vinculado a uma sequência ritual em sentido estrito, o qual deve ser amadurecido por uma específica *ars celebrandi* (Grillo, 2019, p. 111). As antífonas do missal podem ser inspiradoras para esse breve comentário ou convite à oração. Por exemplo, no Primeiro Domingo da Quaresma, o pior comentário seria: "O Evangelho de hoje vai nos falar da Tentação de Jesus". Ninguém anunciaria um dos dados centrais de uma peça no início dela. Sendo assim, não cabe adiantar o conteúdo ou o sentido das leituras, mas preparar os ânimos da assembleia para que encontre ressonâncias nos ritos seguintes.

Esse espaço tem a força de situar a liturgia no aqui e no agora da comunidade celebrante. É uma boa ocasião para recordar os fatos significativos do dia e da semana, trazer algumas memórias afetivas para a nossa ação de graças e manifestar as motivações para a nossa oração e, talvez, as próprias intenções da missa para que essas não ocupem o precioso momento de silêncio existente entre o convite da coleta e a própria oração. Convém que, nesse momento, caso necessário, se acolha alguns participantes "especiais": membros do episcopado, figuras públicas locais, familiares de celebrações específicas ou qualquer outra participação.

## A fronteira da memória e da purificação

Segue-se um momento muito comovedor: todos somos convidados a reconhecer-nos pecadores e não apenas a pensar nos pecados cometidos, mas a confessar-nos pecadores diante de Deus e perante os irmãos, com humildade e sinceridade, como o publicano no templo (Lc 18,14). O convite do sacerdote é dirigido a toda a comunidade em oração: "Irmãos, reconheçamos os nossos pecados". Quem está ciente das próprias misérias e abaixa o olhar com humildade sente pousar sobre si o olhar misericordioso de Deus. É a experiência do salmista quando canta: "Diante de vós, eu reconheço o meu pecado" (Sl 50,5). Na linguagem bíblica, o puro, o justo não é aquele que não tem pecados, mas aquele que reconhece o seu pecado. Ao reconhecer-nos pecadores, somos capazes de reconhecer a misericórdia. O justo é o pecador consciente e, por força vital do seu Batismo, digno de estar na presença de Deus (Boselli, 2014, p. 37).

O momento é significativo porque já estava mencionado na *Didache* (Lodi, 2014, p. 15). No Ritual Romano precedente ao Concílio Vaticano II, não havia ato penitencial destinado para toda a assembleia, mas restrito ao presidente e ao coroinha. Tudo servia como uma espécie de preparação espiritual para a celebração. O ato penitencial era uma oração privada do padre, recitada em voz baixa *ad pedes altaris*. Dessa maneira, o ato penitencial é uma das mais ousadas inovações da reforma litúrgica promovida pelo Vaticano II (Taborda, 2015, p. 175). Talvez, por isso, uma das partes que tem gerado uma série de equívocos teológicos e rituais.

A beleza do momento dá-se pela integração entre o reconhecimento sincero e arrependido da nossa condição de pecadores e a invocação unânime e confiante na bondade misericordiosa de Deus. Sendo o domingo uma Páscoa semanal, é conveniente que se faça, dentro do ato penitencial, a aspersão com água, recordando nossa imersão em Cristo no Batismo. Há um rito previsto no Missal Romano. Participar do corpo de Cristo implica memória da morte ao pecado, ou melhor, do nosso Batismo, renovado em cada celebração eucarística.

O ato penitencial é limiar de memória e de purificação. É revestido por uma exortação de reconhecimento e por algumas invocações a Cristo. Ele é cristológico e não trinitário. O momento é breve e intenso. A centralidade do ato penitencial não está tanto no pecado, mas nas ações de Cristo: "Senhor, que viestes salvar os corações arrependidos, tende piedade de nós; Cristo, que viestes chamar os pecadores, tende piedade de nós; Senhor, que intercedeis por nós junto do Pai, tende piedade de nós".

O pedido de misericórdia é também proclamação da ressurreição e da comunhão que a ressurreição torna possível. Por isso, o *Kyrie eleison* é uma ação cantada, não simplesmente recitada. A Eucaristia torna presente o Mistério Pascal, a passagem de Cristo da morte para a vida, então a primeira coisa que devemos fazer é reconhecer quais são as nossas situações de morte para podermos ressuscitar com Cristo para a vida nova (Francisco, 2018, p. 30).

Esse momento sinaliza um "rito de passagem", ou seja, é um espaço em que as pessoas transitam entre o pecado, a culpa e a morte, desintegração da estrutura batismal, e a reconciliação, reintegração da estrutura batismal por meio do reconhecimento da misericórdia. A ação ritual é antropológica, simbólica e performativa na sua essência. Dessa maneira, não há necessidade de esse momento ser central – nem deve demorar muito tempo – porque toda a missa é uma experiência de perdão de pecados. Escutar a Palavra é experiência de perdão. A memória narrativa da Última Ceia representa, nas palavras sobre o cálice, "o sangue derramado para a remissão dos pecados". No convite à comunhão eucarística, recordamos "o cordeiro de Deus que tira o pecado do mundo". A comunhão sacramental é o ponto culminante da reconciliação com Deus, consigo, com os outros e com a Igreja. Quando anunciamos a morte e a ressurreição do Senhor, anunciamos a remissão dos pecados.

Nunca devemos esquecer que a Última Ceia de Jesus teve lugar "na noite em que Ele foi entregue". No pão e no vinho que oferecemos, e ao redor dos quais nos congregamos, renova-se sempre mais a dádiva do corpo e do sangue de Cristo, para a remissão dos nossos pecados (Francisco, 2019b, p. 54). Renovando sacramentalmente a redenção, a Eucaristia tende a aplicar aos homens de hoje a reconciliação obtida de uma vez para sempre por Cristo. Assim, é o Sacramento da Eucaristia que, com a sua repetição contínua, garante uma experiência rica e duradoura da reconciliação de Deus vivida pelo homem. Por isso, necessitamos sublinhar que a dignidade exigida para a Eucaristia não é outra que a dignidade do Batismo: "nos tornastes dignos de estar aqui na vossa presença e vos servir" (OE II).

Outra característica do ato penitencial é o seu aspecto eclesial. Toda a assembleia realiza-o mediante a confissão geral (IGMR 51). A confissão não é feita somente a Deus e aos santos, mas também, em comunhão com a Tradição teológica de muitos séculos, a todos os irmãos (Raffa, 2003, p. 278). Todos juntos, como Igreja, reconhecem-se pecadores e arrependidos, necessitados do perdão de Deus. O *eu* confessa, mas em comunhão com os outros e, conhecendo esta comunhão, se confessa diante de Deus, mas pede aos irmãos para rezar por ele. As palavras que proferimos com os lábios são acompanhadas pelo gesto de bater no peito, reconhecendo que pequei precisamente por minha culpa, e não por culpa de outros.

É preciso evitar que o ato penitencial seja o centro, dando-lhe tamanha importância, inclusive provocando mais uma necessidade psicológico-pessoal do que teológico-eclesial. Diante disso, cabe-nos uma atenção. Observamos que nesse momento, por piedade ou devocionalismo, alguns fiéis preferem ajoelhar-se para pedir perdão. Esse ato é totalmente individualístico. A ação ritual não é expressão externa pessoal, mas experiência originária de toda a ação da Igreja. Entrar na forma da liturgia é sair dos subjetivismos gnósticos e dos narcisismos pelagianos (GE 35-62).

A ação ritual é ação comum de todo o povo de Deus. A liturgia não serve para ser instrumento de santificação subjetiva nem gesto de piedade privada. A posição comum do corpo é sinal da unidade dos membros que se reúnem para celebrar. Portanto, os fiéis permaneçam de pé, do início do canto de entrada até a oração do dia (IGMR 42-43). Estar de pé é a postura mais importante durante a missa. Estar de pé não significa somente que somos crentes adultos diante de Deus, mas significa antes de tudo que, por meio do Batismo, somos já ressuscitados, "elevados dentre os mortos" (Ef 5,14), por Cristo e com Cristo. É por isso que na Igreja antiga era proibido colocar-se de joelhos aos domingos, dia da Ressurreição (CNPL, 2015, p. 172). Rezar em pé para o cristão é a recordação viva da sua dignidade de ressuscitado e anúncio da sua futura condição de glória.

> Fazer todos juntos o mesmo gesto, falar todos juntos a uma só voz transmite aos indivíduos a força de toda a assembleia. É uma uniformidade que não só não mortifica, mas que, ao contrário, educa cada fiel na descoberta da autêntica unicidade de sua personalidade, não em atitudes individualistas, mas na consciência de ser um corpo (DD 51).

A estrutura ritual do ato penitencial reproduz a estrutura das liturgias penitenciais comunitárias narradas pelas Escrituras. Essas são compostas de quatro momentos: invitatório, silêncio, confissão e bênção. As liturgias penitenciais bíblicas eram conduzidas pelos chefes da comunidade de Israel. Eles exortavam o povo à penitência: "Voltai para mim de todo o coração, fazendo jejuns, chorando e batendo no peito! Rasgai vossos corações e não as vestes! Voltai para o Senhor vosso Deus, pois Ele é bom e cheio de misericórdia" (Jl 2,12-13). De tal maneira, o convite é uma parte essencial do rito. Mesmo quando quem preside cria livremente a introdução ao ato penitencial, deveria evocar episódios bíblicos ou algum fato histórico-salvífico ou episódios bíblicos que sejam capazes de colocar a assembleia em um estado de espírito adequado (Boselli, 2014, p. 46). A opção prevista para os domingos revela profundamente a teologia desse momento: "No dia em que celebramos a vitória de Cristo sobre o pecado e a morte, também somos convidados a morrer para o pecado e ressurgir para uma vida nova" (MR, p. 433).

Nesse contexto, entra a sacramentalidade do ministério: o presidente da celebração deve ser aquele que ajuda a todos os celebrantes a confessar a grandeza da misericórdia no ato de reconhecer-se pecador, isto é, deve ajudar o fiel a dizer-se pecador e viver em um virtuoso e constante caminho penitencial de conversão. Esse ponto de vista modifica a compreensão equivocada do pecado e sintetiza o ato penitencial. Muitas vezes, um modo de cristalizar o pecado caracteriza-o como ato isolado e subjetivo que não responde a um dado da fé, nem a um campo mais ampliado da salvação humana e, muito menos, não responde ao primado da misericórdia. Com esse entendimento, fica esclarecido que a questão primária do ato penitencial não é dizer a sua própria verdade e suas limitações, mas acreditar que, sem uma relação com Deus e com o próximo, não se conseguirá descobrir uma verdade própria e o processo de conversão tornar-se-á insignificante. Essa clareza teológica aparece nas várias opções de invitatórios presentes na terceira edição do Missal Romano:

- Irmãos e irmãs, reconheçamos os nossos pecados para celebrarmos dignamente os santos mistérios[2].

---

2. Na segunda edição típica do Missal Romano, a palavra "culpa" podia ser portadora de equívocos. Em muitas concepções sobre o pecado, existe uma séria confusão com o

• O Senhor Jesus, que nos convida à mesa da Palavra e da Eucaristia, nos chama a segui-lo fielmente. Reconheçamos ser pecadores e invoquemos com confiança a misericórdia do Pai.

• No dia em que celebramos a vitória de Cristo sobre o pecado e a morte, também nós somos convidados a morrer para o pecado e ressurgir para uma vida nova. Reconheçamo-nos necessitados da misericórdia do Pai.

• No início desta celebração eucarística, peçamos a conversão do coração, fonte de reconciliação e comunhão com Deus e com os irmãos e irmãs.

• De coração contrito e humilde, aproximemo-nos do Deus justo e santo, para que tenha piedade de nós, pecadores.

• Em Jesus Cristo, o Justo, que intercede por nós e nos reconcilia com o Pai, abramos o nosso espírito ao arrependimento para sermos dignos de nos aproximar da mesa do Senhor.-

• O Senhor disse: "Quem dentre vós estiver sem pecado, atire a primeira pedra". Reconheçamo-nos todos pecadores e perdoemo-nos mutuamente do fundo do coração.

Desta maneira, o pedido de perdão no ato penitencial não tem nada a ver com o pedido de perdão do Sacramento da Penitência e deveria nos fazer recordar que toda a missa é uma experiência de perdão de pecados. É a celebração da Eucaristia que garante a experiência rica e duradoura, simbolizada e ritualizada, da reconciliação com Deus vivenciada pelo homem.

---

conceito de culpa que, na verdade, sendo das ciências humanas, não permite reconhecer aquilo que realmente seja pecado. No contexto de culpa individual temos uma herança de matriz judaico-cristã. De modo geral, a culpa é uma sensação imediata, instintiva, passageira e instável. A consciência do pecado é reflexiva e supõe a capacidade de colocar-se a distância de si mesmo e de olhar-se de modo crítico e livre, com profunda e vigilante atenção. Nesse sentido, a consciência de pecado aumenta a consciência de si e consente ao indivíduo a possibilidade de entender-se de modo melhor e real. Então, ela é relacional, nasce do diálogo entre Deus misericordioso e o homem frágil. Falamos do pecado a partir do ponto de vista cristológico, soteriológico e escatológico, ou seja, à luz da História da Salvação, pois o sujeito que se reconhece pecador, capaz de ser perdoado, ultrapassa a si mesmo. É um sujeito recriado pela escuta da promessa e pela possibilidade do perdão. Nesses termos, se radicarmos o pecado a partir da promessa, podemos explicá-lo como a falta de reconhecimento da promessa que é a vida. Dizemos que o pecado é permanecer abaixo da própria felicidade prometida pela livre iniciativa de Deus. A redenção, de modo católico, não é a eliminação do pecado, mas a resposta a ele, transformando-o em um processo de resposta ao bem.

Com efeito, uma vez que a missa é experiência do perdão, deveríamos nos distanciar da necessidade de confessar-nos sempre antes de fazer a comunhão.

A confissão comunitária no início da missa é superior à confissão individual porque é sinal da vida comum, partilhada, elaborada e comungada na celebração eucarística. Dizer isso não significa dizer que o batizado que entra em crise por causa do pecado grave não deve procurar o Sacramento da Penitência de forma individual. Na verdade, devemos redescobrir que o caminho ordinário de relação com o pecado não é o Sacramento da Penitência, mas a experiência de reconciliação dentro da missa. Esse é o caminho que vai da virtude da penitência, recebida no Batismo, à vida penitencial e de perdão, vivenciada na Eucaristia.

O Sacramento da Confissão serve para curar as patologias da vida cristã, não sendo um evento fisiológico de iniciação, formação e continuidade. É o Batismo e a Eucaristia que nos capacitam a viver a reconciliação por meio do exercício ordinário da penitência (Grillo; Conti, 2021, p. 43-46). A função do Sacramento da Penitência consiste então, em primeira instância, em um novo anúncio da reconciliação, que o cristão conhece no Batismo e na Eucaristia, e no cuidado, da parte de Cristo e da Igreja, da nova resposta à graça perdoante da parte do batizado pecador, por isso, a passagem penitencial não pode ancorar-se na contínua repetição do sacramento, mas somente na nova possibilidade de uma contínua repetição da Eucaristia (Grillo, 2017, p. 101-102).

A Eucaristia é o mistério de superação das próprias limitações em direção a uma relação plena com Deus. Estar em sintonia com a entrega de Cristo liberta os crentes para o encontro amoroso com Deus e sua infinita misericórdia. Na entrega completa ficam liberados interiormente. O ser humano experimenta nessa libertação não apenas Deus e sua presença, mas também, na presença de Deus, a comunhão íntima com todos os santos, todos os fiéis, todos os seres humanos, a unidade com a criação (Kasper; Augustin, 2022, p. 35).

## O reconhecimento da obra da Redenção

A assembleia perdoada dos pecados é digna de cantar o Glória: "hino antiquíssimo e venerável com o qual a Igreja, congregada no Espírito Santo, glorifica e suplica a Deus Pai e ao Cordeiro" (IGMR 53). É um desdobramento do ato penitencial e um portal de entrada na Liturgia da Palavra. Ele é o primeiro elemento da missa que não aparece em todas as celebrações. O Glória é cantado nos domingos e nas festas por ser expressão de alegria e de louvor.

Com o hino do Glória completa-se a tríplice confissão dos Ritos Iniciais: *"confessio presentiae, confessio peccatorum, confessio gloriae"*. Tendo confessado que estamos na presença de Deus, reconhecido e confessado que somos pecadores, confessamos a glória de Deus no meio de nós. Como povo de Deus somos chamados a louvar e adorar a Deus. A adoração é a resposta humana ao amor de Deus que vem ao nosso encontro em sua forma mais elevada: "Ainda que nossos louvores não vos sejam necessários, vós nos concedeis o dom de vos agradecer. Nossos hinos de louvor não acrescentam nada à vossa infinita grandeza, mas nos ajudam alcançar a salvação, por Cristo, Senhor nosso" (Prefácio Comum IV).

É um canto "angélico" porque inicia com as palavras que os anjos anunciaram aos pastores na noite do nascimento do Salvador (Lc 2,14). Ao texto bíblico segue uma primeira parte direcionada ao Pai. Depois vem a invocação a Cristo, aclamado por diversos títulos. O hino conclui-se com uma doxologia trinitária. Embora tenha caráter trinitário, o Glória não se trata de uma aclamação ou um hino à Trindade, mas somente ao Pai e ao Filho (Taborda, 2015, p. 174). Dirige-se ao Pai, proclama a obra salvadora do Filho, imolado e vitorioso, nosso Senhor e Salvador, na unidade do Espírito Santo. O conteúdo central do hino é cristológico e pascal. O hino reconhece a grandeza do dom inefável (2Cor 9,15) da obra da redenção realizada por Cristo Jesus (SC 2), que morrendo destruiu a nossa morte e, ressurgindo, deu-nos a vida (SC 5). Não é o fato de alguma música conter a palavra glória e Trindade que a leva a caber nesse momento da celebração: o texto desse hino não pode ser substituído por outro (IGMR 53).

Na totalidade do mistério afirmamos cinco verbos da ação cultual bíblica: "te louvamos, te bendizemos, te adoramos, te glorificamos, te damos graças pela tua glória imensa". Cada verbo tem a sua dinâmica de significado, mas a síntese é a experiência da fé. É a "glória imensa" a justificar todas as nossas ações. Todos os verbos são formas de reconhecimento do bem em nós, acima de nós e no nosso meio. Um único verbo não seria capaz de exprimir a imensidade do amor de Deus e toda a nossa gratidão. O próprio Deus vem chamado com os nomes do amor. É Senhor, Rei, Pai, Filho Unigênito, Jesus Cristo, Cordeiro de Deus, Filho do Pai. É aquele que tira o pecado do mundo, que está sentado à direita de Deus, que tem piedade de nós: é o Pai da glória, é o Filho Altíssimo e Santo, é Espírito Santo. Todos esses títulos recordam a historicidade da salvação nos seus pontos cardeais, da criação à parusia (Grillo; Conti, 2021, p. 50-54).

## A transição na oração

Depois do Glória, ou então, na sua ausência, após o ato penitencial, chegamos ao momento cume dos Ritos Iniciais da missa. Exprimimos mediante a oração a intenção da própria celebração, variável de acordo com os dias e os tempos do ano (IGMR 54). Essa oração é chamada *"Coleta"* e não simplesmente "da coleta"[3]. De fato, *collecta* tem o sentido de recolher. Em Roma, em alguns contextos, assumia um significado local. A igreja da *collecta* era aquela onde, nos dias das missas estacionais, o povo se dirigia para iniciar a procissão para a igreja da *statio*, onde se celebrava a liturgia (Raffa, 2003, p. 297). Essa oração é entendida de modo paralelo com outras duas orações: a da apresentação dos dons e a da pós-comunhão.

No rito romano essas orações são concisas e guardam ricos significados. A oração da liturgia romana clássica, na grandeza do seu estilo literário, se distingue por sua precisão, brevidade, praticidade, solene dignidade formal, clareza de expressão, profundidade teológica e sobriedade. As orações *Coleta* têm suas fontes compositivas nas melhores e mais célebres escolas

---

3. Alguns estudiosos dizem que essa oração se chama "coleta" porque quer "recolher" ou "reunir" as orações de todos os presentes e fazer de todas elas uma só prece. Nesse caso, "coleta" vem do verbo "colligare", que em latim significa reunir, ajuntar. Assim o celebrante, elevando as mãos, está elevando a Deus todos os nossos pedidos, intenções e sentimentos. Um exemplo para essa explicação pode ser encontrado na oração do 2º Domingo do Tempo Comum: "Deus eterno e todo-poderoso, que governais o céu e a terra, escutai clemente as súplicas do vosso povo e dai ao nosso tempo a vossa paz" (Cechinato, 1979, p. 54-55). Mesmo que o intuito da oração seja reunir as intenções da missa, torna-se bem inconveniente e pouco celebrativo a menção de tantas intenções. O silêncio entre o convite e a oração deve ser respeitado. É um espaço do povo e não do presidente da celebração.

espirituais e teológicas conhecidas na época em que foram compostas e se encontram embebidas dos processos iniciáticos catecumenal e mistagógico.

Baseando-se na riquíssima tradição bíblica e patrística, e no seu contexto celebrativo, a oração *Coleta* não só encerra os Ritos Iniciais, mas também introduz de forma sábia e precisa a Liturgia da Palavra. O sujeito dessa oração, como, de resto, de toda prece romana, é Deus Pai que convida a Igreja reunida a escutar a palavra do Verbo Encarnado (Jo 1,14). É desejo da Igreja nutrir-se dessa Palavra na dimensão da escuta (auditiva) e da participação no mistério eucarístico (gustativa). Nos textos litúrgicos sempre encontraremos a Igreja, os fiéis, o povo, o *nós*, porque na celebração litúrgica nunca há uma oração pessoal ou individual. Ao longo da eucologia[4], a Igreja sempre reza no plural.

A sua estrutura é composta por cinco elementos: invocação, geralmente breve, com poucos atributos, anamnese, pedido, finalidade do pedido (às vezes se omite), conclusão, longa ou breve, que sublinha a mediação de Cristo e a aclamação da assembleia. Quatro são as suas dimensões, a saber: bíblica/anamnética, epiclética, doxológica e comunitária. A essas dimensões correspondem quatro fundamentos: cristológico-pneumatológico, teândrico, eclesiológico e simbólico.

A oração *Coleta* é profundamente cristológica. Nela é o próprio Pai, o agente primeiro e principal, a concentrar toda a sua atenção no Filho por meio do convite à Igreja de recordar que o Filho é a sua Palavra que alimenta e, por isso, deve ser escutado. Assim, a imagem de Deus é a da manifestação de modo epifânico na história humana sob a forma de um Pai que nutre e purifica os seus (fundamento teândrico). O fundamento eclesiológico reside no fato de ser toda a Igreja chamada a escutar, como forma de recordação

---

4. Além das orações bíblicas, como o Pai-Nosso, os salmos e os cânticos do Antigo e do Novo Testamento, como também as fórmulas compostas com base na Escritura ou livremente como antífonas, responsórios, versículos, entendemos a oração litúrgica como eucologia. Eucologia (do grego: euchê – oração e logos – tratado) significa propriamente "teoria da oração". No entanto, a palavra é usada em um sentido mais amplo para referir-se ao conjunto de orações contidas em um formulário litúrgico, em um livro – denominado eucológico – ou, em geral, em toda a tradição litúrgica. Esse é o uso mais frequente da palavra e o que se utiliza em relação com a liturgia. A eucologia litúrgica se encontra no Missal ou oracional da missa, na Liturgia das Horas e no Ofício Divino, nos diferentes ordines ou rituais de sacramentos e sacramentais (Martín, 2022, p. 210-214).

das maravilhas de Deus (Sl 94,8). Finalmente, o fundamento simbólico reside no fato de que a Palavra (Verbo), da categoria da ação, se torna nutrição, alimento da vida eterna (Martín, 2022, p. 205-207).

O gesto ritual da presidência é manifestado pelos braços abertos. É a atitude orante mais antiga da Igreja, inclusive assumida pelos primeiros cristãos e testemunhada nas catacumbas romanas. É a imagem do Cristo de braços abertos na cruz e, ao mesmo tempo, a imagem do Cristo ressuscitado no meio da sua comunidade. De fato, é Cristo o orante principal das nossas assembleias. Se o Senhor não estivesse presente realmente como presidente da ação litúrgica (SC 7), a proclamação da Palavra e a consagração dos dons não seria possível. É a partir da presença do Senhor como anfitrião e presidente da ceia que pode ser entendida toda a ação de um rito memorial e a transformação dos dons (Gopegui, 2009, p. 266).

É preciso que essas orações sejam bem pronunciadas a fim de que todos possam compreender o conteúdo. São orações de todos e por todos e, com isso, todos têm o direito de bem ouvi-las para melhor entendê-las. Podemos meditar profundamente com essas preces. Elas nos ensinam como nos dirigir a Deus, o que pedir e que palavras usar.

A oração *Coleta* é composta por quatro momentos: convite, silêncio, oração e resposta. O convite "oremos", por vezes cantado, expressa o caráter solene e oficial da oração. Após o convite, faz-se um tempo de silêncio que "não se reduz à ausência de palavras, mas consiste em predispor-se a ouvir outras vozes: a do nosso coração e, sobretudo, a voz do Espírito Santo" (Francisco, 2018, p. 36). É importante que esse silêncio seja longo e adequado o suficiente para reconhecer que estamos na presença de Deus. Essa é a oração que a comunidade reunida e consciente de estar na presença de Deus dirige ao Pai, por meio do Filho, no Espírito Santo, mediante o presidente da celebração.

Todo o povo responde, associa-se a essa súplica e faz sua a oração pela aclamação "amém". O amém é a nossa assinatura. O presidente da celebração faz uma oração e todos os que celebram com ele a confirmam. Em outras palavras, o amém confirma que a oração feita pelo celebrante principal é a minha oração e o meu desejo. É a palavra mais breve, mais frequente e mais importante da participação do povo cristão na celebração eucarística. É preciso redescobrir a exigência do amém para saber dizê-lo de forma consciente e com íntima adesão ao mistério celebrado. Amém: nós sustentamos. Nós aprovamos. Somos um único pensamento. Nós prometemos. Que isso suceda. Que assim seja. O amém cria exigências, exige atenção (Ostdiek, 2018, p. 51).

Na oração do dia encontramos várias partes: invocação – "Ó Deus", "Deus onipotente", "Senhor", "Pai"; ampliação da invocação – "Ó Deus que fez assim"; pedido – "Concedei...", "Dai-nos...". Ainda, em algumas orações encontramos a causa e o que pedimos. Na oração do dia da Solenidade da Epifania do Senhor, temos: *Ó Deus* (invocação), *que hoje revelastes o vosso Filho às nações, guiando-as pela estrela* (amplificação da invocação), *concedei aos vossos servos e servas que já vos conhecem pela fé contemplar-vos um dia face a face no céu* (formulação do pedido). Na coleta da Vigília Pascal, rezamos: *Ó Deus* (invocação), *que iluminais esta noite santa com a glória da ressurreição do Senhor* (amplificação da invocação), *despertai na vossa Igreja o espírito filial para que inteiramente renovados vos sirvamos de todo o coração* (formulação do pedido). Na oração do 11º Domingo do Tempo Comum, dizemos: *Ó Deus* (invocação), *força daqueles que esperam em vós* (amplificação da invocação), *sede favorável ao nosso apelo* (formulação do pedido), *e como nada podemos em nossa franqueza* (causa), *dai-nos sempre o socorro da vossa graça* (pedido), *para que possamos querer e agir conforme vossa vontade, seguindo os vossos mandamentos* (causa). Ademais, na coleta do 17º Domingo do Tempo Comum, rezamos: *Ó Deus* (invocação), *sois o amparo dos que em vós esperam* (amplificação da invocação); *e, sem vosso auxílio, ninguém é forte, ninguém é santo* (causa); *redobrai de amor para conosco* (pedido), *para que, conduzidos por vós, usemos de tal modo os bens que passam que possamos abraçar os que não passam* (causa).

Nas festas ou nas memórias dos santos, a Igreja proclama o Mistério Pascal na vida daqueles que sofreram com Cristo e com Ele foram glorificados, propõe aos fiéis os seus exemplos e implora pelos seus méritos as bênçãos de Deus (SC 104). Com isso, nas festas dos santos, pedimos ao Pai que, pela intercessão ou virtudes desse santo, nos conceda a graça de uma vida mais santa. Portanto, na liturgia a oração é sempre centralizada no Mistério

Pascal de Cristo, não sendo encontradas preces diretamente dirigidas aos santos, por exemplo, "Ó meu glorioso São Francisco..."

Na oração *Coleta* recordamos o que Deus fez. O recordar é uma forma de oração fundamental, pois é um ato de reconhecimento da ação de Deus na história. Após a recordação do evento original feito no passado, formulamos o desejo do presente para todos nós, por toda a Igreja e pelo mundo. Recordando o que Deus fez, temos a coragem e a motivação para esperar por aquilo que Ele faz no presente e fará no futuro.

Diante da riqueza teológica e litúrgica presente na *Coleta*, "na missa se diz sempre uma única oração" (IGMR 54). Essa oração lança a comunidade no mistério a ser celebrado e faz a transição do rito de entrada para a Liturgia da Palavra, preparando os corações para toda a ação litúrgica que se segue (Beckhauser, 2012, p. 45).

Toda a missa é oração. Na verdade, a missa é a concentração mais intensa de todas as formas de oração: pedido, perdão, louvor, ação de graças, invocação e benção. Uma perspectiva justa ensina-nos que a missa não é somente *lugar da oração*, mas *escola da oração*. Aos domingos reconhecemos o que fizemos durante todos os dias da semana e aprendemos como viver a nova semana.

O rezar na missa é uma forma exemplar de experiência que reconhece o dom de Deus em todo o tempo e lugar. Orar é reconhecer que sempre nos falta algo e que somente um Outro pode nos dar, em uma relação livre que não leva em conta nossas virtudes e méritos, mas que nos torna conscientes de nossos pecados e fragilidades. A sincera oração nasce do reconhecimento de que precisamos de alguém para suprir as necessidades que não podem ser supridas sozinhas ou por nós mesmos.

# V
# Liturgia da Palavra

A revalorização da Sagrada Escritura na celebração litúrgica foi uma das grandes conquistas da reforma dos ritos promovida pelo Concílio Vaticano II. Ele restaurou o lugar da Escritura na celebração litúrgica e estabeleceu os fundamentos da natureza sacramental da Palavra de Deus: "não há liturgia sem Bíblia" (Martimort, 1958, p. 13).

A Liturgia da Palavra é parte integrante das celebrações sacramentais. Para alimentar a fé dos fiéis, os sinais da Palavra de Deus devem ser valorizados: o livro da Palavra (lecionário ou evangeliário), a sua veneração (procissão, incenso, luz), o lugar da sua proclamação (ambão), a sua leitura audível e inteligível, a homilia do ministro que prolonga a sua proclamação, as respostas da assembleia (CIgC 1154).

O Concílio estabeleceu que era preciso preparar para os fiéis, com maior abundância, a mesa da Palavra de Deus: abrindo mais largamente os tesouros da Bíblia, de modo que, dentro de um período estabelecido, pudessem ser lidas ao povo as partes mais importantes da Sagrada Escritura (SC 51). A centralidade do primado da Palavra de Deus é o fio de ouro que norteia e perpassa, em particular, todas as constituições dogmáticas, revelando a maturidade teológica da perspectiva conciliar, gerada ao longo das décadas do Movimento Litúrgico.

Na liturgia, a ação ritual e a Palavra estão intimamente unidas (SC 35). A Escritura é fundamental para a ritualidade litúrgica, pois é dela que se extraem os textos bíblicos para a proclamação das leituras e o canto do salmo. Ela é fonte de inspiração para a composição das orações e dos hinos utilizados nos rituais. Ela dá sentido às ações e aos sinais manifestados na liturgia (SC 24).

O Concílio Vaticano II, o magistério dos sumos pontífices e os vários documentos promulgados depois do mesmo Concílio por diversas Congregações da Santa Sé apontam muitos aspectos sobre o valor da Palavra de Deus e sobre a restauração do uso da Sagrada Escritura em toda a celebração litúrgica (ILM 1).

A leitura da Bíblia na liturgia tinha sido colocada em segundo plano, sobretudo como uma reação apologética à Reforma Protestante. Antes do Concílio, a Liturgia da Palavra na missa era chamada de "missa didática", "antemissa" ou "missa dos catecúmenos" e a teologia moral ensinava que para cumprir o preceito festivo da "escuta" da missa era suficiente entrar na igreja na hora do ofertório e se podia sair depois da comunhão. A missa era, para muitos, o ofertório, a consagração e, poucas vezes, a comunhão. A Liturgia da Palavra era apenas preparação para a missa e dizia-se que uma pessoa chegando no ofertório tinha assistido à missa e cumprido o preceito (Cechinato, 1979, p. 58). Era clássica a expressão *ex velo ad velum*, para indicar os dois momentos. Observava-se a retirada do véu do cálice para o ofertório; depois de purificado, o cálice tornava a ser coberto com o véu, após a comunhão (De Zan, 2015, p. 54). O empobrecimento bíblico na celebração litúrgica era refletido no lecionário usado nos ritos. Antes da renovação conciliar, ele era muito diferente. Não tinha a abundância com a qual estamos habituados.

Esse modo de pensar, que atravessou todo o Período Medieval durante quase 1.000 anos, até hoje condiciona a nossa celebração. A maior dificuldade consiste em reconhecer que toda a sequência ritual da Liturgia da Palavra constitui um encontro com o Senhor e uma relação de vida sacramental, de experiência espiritual e de acesso ao mistério da comunhão (Grillo; Conti, 2021, p. 64).

Na Liturgia da Palavra de cada celebração eucarística dá-se a perene realização do "hoje" das Escrituras na vida da comunidade, mediante a presença do Cristo em meio aos que nele creem e se congregam em seu nome. Nesse sentido, a proclamação litúrgica da Palavra de Deus, no contexto da assembleia eucarística, não é tanto um momento de meditação e de catequese, mas diálogo de Deus com o seu povo, reconhecimento das maravilhas da salvação e recordação das exigências da Aliança (EG 137).

O resgate da Palavra de Deus na liturgia teve a intenção de criar, antes que o mistério da fé se realize, uma atmosfera de fé (Jungmann, 2009, p. 269).

Os vários lecionários confeccionados após o Concílio servem como um verdadeiro alimento para a comunidade eclesial. Por meio deles, proclamam-se aproximadamente 85% da Bíblia. Todo o Novo Testamento e grande parte do Antigo estão disponíveis para alimentar a fé do povo de Deus em todas as celebrações. Não apenas na missa, mas na celebração da Liturgia das Horas, dos sacramentos e dos sacramentais. Dessa forma, os lecionários hoje em uso mostram-nos o resgate da Sagrada Escritura na liturgia e revelam um dos resultados mais significativos da renovação litúrgica.

A mesa da Palavra apresenta-se com mais abundância e riqueza do que nos tempos pré-conciliares. Com aprovação do Papa Paulo VI, foi publicado em 1969 o *Ordo Lectionum Missae* (*Elenco das leituras da missa*) com a lista das leituras da missa e alguns *Praenotanda* (princípios gerais) que explicavam o sentido da reforma. Em 1981 foi publicada uma segunda edição, cujos *Praenotanda* eram mais desenvolvidos, mostrando os princípios teológicos para o correto uso da Escritura na celebração eucarística e os fundamentos para a organização das leituras (Benedito, 2022, p. 50-51).

Na Liturgia da Palavra há um duplo movimento: um movimento de Deus em direção ao mundo e do mundo em direção a Deus. Deus fala ao mundo e o mundo responde a Deus. Deus fala à Igreja por meio do Filho no Espírito Santo e a Igreja responde a Deus. Cristo está na posição intermediária desse movimento. Deus fala ao mundo sobre Cristo. O mundo fala a Deus sobre o advento de Cristo, o Verbo feito carne, e pede por Ele que tudo se realize segundo a vontade salvífica. É Ele a Palavra de Deus proclamada e celebrada na missa durante a Liturgia da Palavra. A Palavra de Deus não é um livro, não é a Bíblia. A Palavra de Deus é a criação, a história de Israel, a vivência de Jesus Cristo. Os cristãos são aqueles que ouviram e receberam a Palavra de Deus em Cristo Jesus (Driscoll, 2006, p. 33-36).

### A força da Palavra

A Introdução ao Lecionário da Missa traz três afirmações iluminantes para entendermos a força da Liturgia da Palavra. A primeira se refere ao poder da Palavra de Deus: "A mesma celebração litúrgica, que se sustenta e se apoia principalmente na Palavra de Deus, converte-se num acontecimento novo e enriquece a Palavra com uma nova interpretação" (ILM 3). A segunda, com efeito, se refere à Palavra de Deus não apenas como comunicação, mas como ação: "A Palavra de Deus, proposta continuamente na liturgia, é sempre viva e eficaz pelo poder do Espírito Santo, e manifesta o amor ativo do Pai, que nunca deixa de ser eficaz entre os homens" (ILM 4). A terceira, por fim, toca o equilíbrio necessário entre a Liturgia da Palavra e a Liturgia Eucarística: "A celebração da missa, na qual se escuta a Palavra e se oferece e se recebe a Eucaristia, constitui um só ato de culto divino, com o qual se oferece a Deus o sacrifício de louvor e se realiza plenamente a redenção do homem" (ILM 10).

A "Palavra de Deus é o fundamento da ação litúrgica" (ILM 9). Quando se fazem as leituras, se canta o salmo e se proclama o Evangelho é Cristo mesmo que se faz presente e se comunica com o seu povo reunido (SC 7). Cristo é o centro e a plenitude de toda a Sagrada Escritura e de toda a celebração litúrgica (ILM 5). A mesa da Palavra estrutura-se ao redor de dois eixos: o anúncio da Palavra de Deus e a oração da comunidade reunida em assembleia.

No caminho que estamos percorrendo é muito oportuno aprofundar o vínculo entre Palavra e sacramento, pois a Liturgia da Palavra é um elemento decisivo na celebração dos sacramentos. Na história da salvação, não há separação entre o que Deus *diz* e *faz*; a sua própria Palavra apresenta-se como viva e eficaz (Hb 4,12). Quando somos educados a descobrir o caráter performativo da Palavra de Deus na liturgia, percebemos o agir de Deus em toda a história da salvação e na nossa vida pessoal (VD 53).

A origem da sacramentalidade da Palavra de Deus está relacionada com o mistério da encarnação: "o Verbo fez-se carne" (Jo 1,14). A realidade do mistério revelado oferece-se a nós na "carne" do Filho. A Palavra de Deus torna-se perceptível à fé mediante o "sinal" de palavras e gestos humanos. A fé reconhece o Verbo de Deus, acolhendo os gestos e as palavras com que Ele mesmo se nos apresenta. Portanto, o horizonte sacramental da Revelação indica a modalidade histórico-salvífica com que o Verbo de Deus entra no tempo e no espaço, tornando-se interlocutor do homem, chamado a acolher na fé o seu dom (VD 56).

A sacramentalidade da Palavra está em unidade com a sacramentalidade da pessoa de Jesus, na sua eficácia salvífica: Jesus, como Mediador, reconcilia-nos com Deus e nos santifica (SC 5). Cristo é sacramento pelo seu ser e presença entre os homens como Filho de Deus e pela sua obra salvífica, mediante gestos e palavras.

A Palavra de Deus nos convida à obediência da fé (DV 2) e nos recorda que o cristianismo não é uma forma de humanismo, mas um dom de Deus. Isso nos indica que a razão última da Revelação não está na indicação dos preceitos, leis e mandamentos, mas na revelação do amor misericordioso e incondicionado de Deus. Passa-se de uma Revelação de verdade em preceitos e decretos, de tipo estático e jurídico, a uma dinâmica e histórica dentro de um horizonte salvífico.

Sendo assim, "os fiéis tanto mais participam da ação litúrgica quanto mais se esforçam a escutar a Palavra de Deus nela proclamada e em aderir ao próprio Verbo de Deus encarnado em Cristo" (ILM 6). A proclamação da Palavra de Deus na celebração comporta reconhecer que é o próprio Cristo que se faz presente e se dirige a nós para ser acolhido (VD 56).

A sacramentalidade da Palavra consiste em uma estreita relação entre o sinal, a palavra escrita e o mistério de Cristo, fonte e forma de toda a economia sacramental. A proclamação ritual não aparece como um aparato extrínseco, mas serve realmente como comunicação e realização do evento salvífico. A unidade entre realidade e significado nos permite vivenciar a profundidade do mistério (Ef 1,9).

A Sagrada Escritura não é um mero acessório da liturgia, pois no rito não estão presentes os elementos secundários da Palavra de Deus, mas a sua vivacidade: a história da salvação. Na liturgia, o texto se torna Palavra. Por sua vez, a Palavra manifesta uma presença. Ao ouvir uma voz, surge a necessidade de procurar por aquele que a pronunciou. Se Ele deseja ser escutado, é porque não teme demostrar a sua presença. O mistério da Palavra de Deus é, na sua essência, o da presença viva e eficaz de Cristo (Benedito, 2022, p. 63-64).

A mesa da Palavra deve ser preparada para os fiéis com maior abundância, abrindo-lhes os tesouros da Sagrada Escritura (SC 35). A Palavra de

Deus se faz carne sacramental no evento eucarístico e realiza plenamente a Sagrada Escritura (SC 56). A Eucaristia é o princípio hermenêutico da Escritura e a Escritura é a iluminação e explicação do mistério eucarístico. Tanto a Escritura quanto a Eucaristia são "pão de vida": "é preciso nutrir-se do pão de vida, seja na mesa da Palavra de Deus, seja na mesa de comunhão com Cristo" (DV 21).

Alimentada nessas duas mesas, a Igreja, por meio da Palavra de Deus, instrui-se mais, pois anuncia a aliança divina, e pela Eucaristia santifica-se plenamente, pois renova essa mesma nova e eterna aliança. Em uma, recorda-se a história da salvação com palavras e na outra a mesma história se expressa por meio de sinais sacramentais da liturgia. Portanto, convém lembrar sempre que a Palavra divina que a Igreja lê e anuncia na liturgia conduz, como a seu próprio fim, ao sacrifício da aliança e ao banquete da graça, isto é, à Eucaristia (ILM 10).

As duas mesas formam uma só unidade e são interdependentes. Qualquer forma de ruptura entre as duas mesas provocaria a inexistência da comunhão em um pão que dá vida. O mistério da morte e da ressurreição não teria sido compreendido como evento salvífico para os homens se não houvesse a experiência da Última Ceia: o significado do corpo dado e do sangue derramado (De Zan, 2015, p. 71). Na celebração eucarística, não há duas comunhões, uma com a Palavra do Senhor e outra com o corpo do Senhor, mas a comunhão com os santos dons é, em si mesma, comunhão com o santo Evangelho (Boselli, 2014, p. 71).

No Novo Testamento, a unidade das duas mesas se patenteia na narração dos discípulos de Emaús (Lc 24,13-35). O Ressuscitado proclama, aos discípulos decepcionados, o cumprimento das Escrituras. Animados pela Revelação da Palavra, os dois discípulos sentam-se à mesa com Jesus que parte o pão para eles, gesto no qual experienciam sua presença (Taborda, 2015, p. 153).

> Esta Palavra de Deus, que é proclamada na celebração dos sagrados mistérios, não só se vincula com a atual situação, como se volta também para o passado e vislumbra o futuro, levando-nos a ver como são desejáveis as coisas que esperamos, para que, em meio às vicissitudes do mundo, nossos corações estejam firmes na verdadeira alegria (ILM 7).

Tudo o que a Igreja é nasce da relação com a Palavra de Deus. A Palavra da Escritura torna-se vida quando se faz corpo nas palavras do sacramento. Dessa forma, ela foge de uma pretensão "gnóstica" de dominar o texto que, quando não é mais palavra, é somente "significado", podendo tornar-se prisioneiro da cabeça de quem lê, não sendo mais texto inspirado, mas ideologia, escravidão, fundamentalismo e relativismo. Então, a relação entre o texto sagrado e a assembleia litúrgica da Igreja não é somente de atualidade, mas também de identidade; não é apenas hermenêutica, mas simbólica.

O texto em questão não é leitura de um poema, de uma oração para alimentar a vida cristã ou a leitura da vida de um santo que faça crescer a vida espiritual, mas leitura de textos que fundamentam a identidade e formam a existência cristã no mundo. O resgate da sacramentalidade da Palavra de Deus demostra que a proclamação da Palavra na liturgia encerra uma enorme densidade, não podendo ser substituída. Mais do que um ensinamento, é um acontecimento. O *naquele tempo* é, na verdade, *neste tempo*, graças à potência criativa do Espírito Santo (Benedito, 2022, p. 71).

A educação ritual deve superar a ideia minimalista de que os fiéis se contentem em chegar somente a partir do ofertório, como acontecia normalmente, ou até a hora da proclamação do Evangelho, como se indica atualmente. A Palavra de Deus proclamada na liturgia constitui em si mesma uma celebração progressiva do mistério salvífico. Ela não é "preparação" para a Liturgia Eucarística. A Eucaristia exige a Escritura, proclamação da ação de Deus, pregação de Cristo, anúncio do Mistério Pascal e promulgação da aliança. Sem a participação ativa e plena na Liturgia da Palavra, a celebração sacramental torna-se incompleta e corre o risco de se tornar um ato mágico, funcional e devocional.

## Um ministério exemplar

A primeira ação ministerial de Jesus é um gesto litúrgico. A sua missão começa com a leitura de um texto profético na sinagoga: "Num dia de sábado, foi à sinagoga e levantou-se para fazer a leitura" (Lc 4,16). Com efeito, aquilo que acontece na liturgia sinagogal de Nazaré é a instituição da liturgia cristã da Palavra. A leitura é um ato de encarnação, por isso proclamar a

Escritura diante da comunidade não significa ler em voz alta, mas dirigir a Palavra de vida à comunidade em nome do Senhor (Boselli, 2014, p. 56).

A profecia de Isaías revelava a chegada de um personagem misterioso que, investido pelo Espírito do Senhor, indicaria o tempo da graça, trazendo a salvação ao seu povo, proclamando a boa nova aos pobres, a liberdade aos presos e a vista aos cegos. Esse texto é a "autoapresentação" de um profeta anônimo que testemunha a sua vocação e a sua missão. Nada estranho para uma profecia destinada ao povo judeu. A novidade acontece quando ao final da leitura, revelando-se como sendo o próprio personagem da narrativa, Jesus fecha o livro e diz: "Hoje se cumpriu esta passagem da Escritura que acabastes de ouvir". Até então, era apenas uma palavra proclamada como promessa futura, mas que na boca de Jesus torna-se realidade: "Cumpriu-se hoje". Cumpriu-se: a Palavra de Deus já não é uma promessa, mas realizou-se. Dessa maneira, Ele revela-se como o agora de Deus, pois nele o futuro prometido começa e se faz vida. Lendo o texto, Jesus dá vida à Palavra atualizando-a para o hoje: "os olhos de todos na sinagoga estavam fixos nele" (Lc 4,20). A página de Isaías torna-se o programa do ministério e da missão de Jesus. A sua perspectiva é trazer alegria e liberdade.

Aquele que proclama a Palavra de Deus na assembleia transforma a "palavra escrita" em "palavra viva" acolhida pelo ouvido e pelo coração da comunidade. As páginas da Bíblia deixam de ser um escrito para se tornarem Palavra viva, pronunciada por Deus. É Deus quem, por meio do leitor, a nós que ouvimos com fé, nos fala e nos interpela (Francisco, 2018, p. 41). O Apóstolo Paulo afirma: "A fé vem pelo ouvir, e o ouvir vem pela Palavra de Cristo" (Rm 10,17). Escutar a Palavra é uma questão básica de educação e de relação: "os fiéis tanto mais participam da ação litúrgica quanto mais se esforçam, ao escutar a Palavra de Deus nela proclamada, por aderir ao próprio Verbo de Deus encarnado em Cristo" (ILM 6).

Se a Palavra precisa ser ouvida, é necessário que alguém a proclame: a Palavra tem necessidade de uma voz. Esse alguém exerce uma função muito valiosa dentro da nossa comunidade, exerce um ministério litúrgico. O "leitor" torna-se o anunciador da Palavra de Deus à comunidade reunida. Ele é um cristão que se sente responsável pela palavra que proclama. A Palavra proclamada na ação litúrgica torna-se mais eficaz à medida que

Cristo se faz presente no ato de sua proclamação; quanto mais o conteúdo da comunicação da mensagem implicar sua ação salvífica, melhor o leitor, consciente de sua função ministerial, evocará a ação salvífica de Deus.

O Espírito do Senhor Jesus, fonte perene da vida e da missão da Igreja, distribui aos membros do povo de Deus os dons que permitem a cada um, de modo diverso, contribuir para a edificação da Igreja e para o anúncio do Evangelho. Esses carismas, chamados ministérios, uma vez que são publicamente reconhecidos e instituídos pela Igreja, são postos à disposição da comunidade e da sua missão de forma estável. Não há comunidade cristã sem ministérios e na origem de todo ministério está sempre Deus que com o seu Espírito Santo opera tudo em todos (1Cor 12,4-6), para que a sua finalidade sirva ao bem comum (1Cor 12,7) e à edificação da comunidade (1Cor 14,12).

Os acólitos, leitores, comentaristas e cantores exercem um verdadeiro ministério litúrgico. Desempenhem, pois, as suas funções com devoção e ordenadamente, como convém à dignidade do ministério e ao que o povo de Deus deles exige, com todo o direito. É necessário, porém, que estejam todos imbuídos do espírito da liturgia e sejam devidamente iniciados no desempenho correto de seus respectivos papéis (SC 29).

Todos que exercem ministérios na celebração precisam estar conscientes de sua função. Dessa maneira, é uma necessidade o contínuo investimento nos agentes de pastoral litúrgica e na formação das equipes de celebração nas comunidades paroquiais. Para que os fiéis adquiram estima pela Sagrada Escritura, é necessário que os leitores sejam realmente aptos e cuidadosamente preparados (IGMR 66; ILM 55).

Na celebração eucarística, o leitor tem um ministério próprio, reservado a ele, ainda que haja outro ministro de grau superior (IGMR 66; ILM 51). O ministério do leitorado no rito latino é ministério laical. É necessário que os leitores encarregados de tal serviço, ainda que não tenham nele recebido a instituição, sejam verdadeiramente idôneos e preparados com empenho. Sendo o mais antigo ministério litúrgico não ordenado na Igreja, o leitorado era realizado por pessoas aptas, preparadas e bem fundamentadas na fé.

São duas as perspectivas formativas necessárias: bíblica e litúrgica. Na preparação bíblica, o leitor deve procurar compreender o contexto próprio e entender o núcleo central da mensagem revelada. Na preparação litúrgica, deve-se ter a capacidade de relacionar a Liturgia da Palavra com a Liturgia Eucarística (ILM 55). Entretanto, a preparação não deve ser apenas bíblica e litúrgica, mas também técnica (VD 58). O leitor consciente da importância de sua função e papel busca aperfeiçoar-se por meio da técnica, como a vocalização, a dicção, a emissão e a modulação da voz, o ritmo da leitura e a postura corporal, para proclamar com fé viva a Palavra de Deus na liturgia, como acontecimento novo, único e irrepetível.

O leitor, consciente da responsabilidade adquirida, deve empenhar-se e usar os meios adequados para atingir cada dia mais plenamente o amor suave e vivo pela liturgia, bem como o conhecimento da Sagrada Escritura, para se tornar um discípulo mais perfeito do Senhor: "A boca fala da abundância do coração" (Mt 12,34). Ler na liturgia é um dos grandes privilégios da graça batismal. No ato de ler deve aparecer a compreensão e a própria fé do leitor, o viver os modelos e a realidade que se exprime. É a santidade de vida, o esforço ao seguimento de Cristo e a proposta da leitura, e não somente a pura técnica, que tornam eficaz a leitura (Driscoll, 2006, p. 41).

A Palavra de Deus é uma coisa grandiosa demais para se ler errado, distraidamente, engolindo palavras, pronunciando mal. Não se trata de simples *leitura* de um texto, mas de uma *proclamação* (Cechinato, 1979, p. 67). A força sacramental da mensagem ali contida exige a consciência do que se faz e a dignidade do ministério. Contudo, "não se aprende a arte de celebrar frequentando um curso de oratória ou de técnicas de comunicação persuasiva. Toda ferramenta pode ser útil, mas deve estar a serviço da natureza da liturgia e da ação do Espírito Santo. É necessária uma dedicação diligente à celebração, permitindo que a própria celebração nos transmita a sua arte" (DD 50).

Na liturgia é Deus quem fala com o seu povo. Essa ação de Deus passa pela pessoa concreta do leitor (SC 7). No exercício de seu ministério, o leitor deve evitar a teatralidade, a recitação impessoal, neutra, monótona e uniforme. Daí decorre a necessidade de preparar seriamente aquele que lê a Palavra na celebração litúrgica. O leitor litúrgico que não transmite vibração nem convicção à assembleia dá mostras de um desempenho deficiente de seu ministério.

Aquele que proclama a Palavra de Deus deve ter consciência de que anuncia sempre uma boa nova. O rosto, a voz e a postura devem expressar essa feliz novidade. Quando a Palavra é proclamada com os sentimentos que correspondem à sua mensagem (alegria, esperança, tristeza, ameaça), abre-se o caminho para a compreensão e a vivência do mistério anunciado. Quando a Sagrada Escritura é lida com o mesmo Espírito com que foi escrita, permanece sempre nova. O Antigo Testamento nunca é velho, uma vez que é parte do Novo, pois tudo é transformado pelo único Espírito que o inspira.

> É necessário, por isso, que todos os que se consagram legitima-mente ao ministério da Palavra mantenham um contato íntimo com as Escrituras, mediante a leitura assídua e o estudo acurado, a fim de que nenhum deles se torne pregador vão e superficial da palavra de Deus, por não a ouvir de dentro, tendo, como têm, a obrigação de comunicar aos fiéis que lhes estão confiados as grandíssimas riquezas da palavra divina, sobretudo na sagrada liturgia (DV 25).

A partir do argumento da ministerialidade, gostaria de sinalizar que os nossos "folhetos" litúrgicos são, muitas vezes, os verdadeiros "inimigos" da Liturgia da Palavra. O folheto desvaloriza a sacramentalidade da Palavra de Deus, a beleza do Livro litúrgico e o ministério do leitor. Nas celebrações litúrgicas, o próprio Cristo é o agente principal: "é Ele que fala ao ser lida na Igreja a Sagrada Escritura" (SC 7).

A dignidade da Palavra de Deus exige que ela não seja substituída por outros subsídios de ordem pastoral. Os folhetos podem ajudar os fiéis a se prepararem para as leituras e para a missa, como podem ajudá-los a continuarem a meditação dos textos proclamados (ILM 37).

Tendo o folheto em mãos não há necessidade de um ministério que seja preparado de maneira adequada e escolhido mediante o discernimento comunitário. A proclamação se faz, portanto, inútil. De forma individualizada, podemos ler as leituras, e quando todos tiverem terminado de ler, aquele que preside pode tecer algumas palavras reflexivas.

A Palavra de Deus foi escrita como "memória", com o objetivo de ser proclamada. Proclamar significa ler um texto escrito de modo claro, público, solene e festivo, na intenção de torná-lo compreensível; significa aclamar e confessar a fé em Deus ao revelar a sua pessoa e a sua vontade. A palavra proclamada e escutada tem ressonância exterior e interior, ao contrário da palavra lida. Por isso, apenas um lê enquanto os outros escutam, colocam-se em atitude de escuta e disposição para que a Palavra entre pelos ouvidos e chegue ao coração, suscitando resposta e adesão. Se o escrito é sinal de distância e separação, a escuta nos serve como proximidade e comunhão (Falsini, 2013, p. 44).

O folheto acaba por lesar a característica fundamental e primordial do rito da missa: a assembleia celebrante. A dignidade da Palavra exige que se evite todo o ruído do uso de descartáveis para a sua proclamação. Além do mais, existe outro fenômeno ligado ao sistema econômico e à "ecologia integral", que deveria servir de motivação para discernimentos, reflexões e práticas. Nem mesmo para os discípulos foi fácil escutar Jesus. "A Igreja cresce e se constrói ao escutar a Palavra de Deus" (ILM 7, 45, 47-48).

Dessa forma, convém que a Palavra seja proclamada diretamente do livro sagrado (lecionário), "sinal e símbolo das realidades do alto na ação litúrgica" (ILM 35), e não do folheto. A Palavra entra pelos ouvidos e transforma o coração, pois a Palavra não somente diz, mas age (VD 52-71). Os folhetos servem como subsídios pastorais para a preparação da liturgia e do leitor. Deus, falando com o seu povo, revela o mistério da redenção e da salvação e oferece um alimento espiritual (SC 33; IGMR 55). Os batizados que se confrontam com a Palavra de Deus se reconhecem pecadores e necessitados da salvação, pedem perdão e aceitam a misericórdia.

**Um tesouro aberto**

A preocupação fundamental ao resgatar a leitura da Palavra de Deus na missa foi a de possibilitar um maior contato com os quatro evangelhos e com partes significativas do Antigo e do Novo Testamento. No Missal Tridentino de 1570, revisto e reeditado por João XXIII, em 1962, o Antigo Testamento nunca era proclamado nas festas e nos domingos. O Evangelho de Marcos, pelo qual a exegese antiga não tinha muito apreço, por considerá-lo uma espécie de resumo do Evangelho de Mateus, aparece apenas oito vezes. O Missal Tridentino não tinha a *lectio continua* ou *semicontinua*. Além do mais, tinha esquecido, de algum modo, o grande costume patrístico de ler algumas perícopes teologicamente importantes, por exemplo, a ressurreição de Lázaro (De Zan, 2015, p. 54).

A escolha de uma passagem da Sagrada Escritura não foi feita de forma arbitrária ou imediata. Ao selecionar as leituras procurou-se, na medida do possível, fazer que fossem breves e fáceis. Os biblistas e os liturgistas fizeram um trabalho primoroso ao preparar o *Elenco das leituras da missa*. Esse elenco possibilita aos cristãos o conhecimento de toda a Palavra de Deus, sobretudo, no tempo da Páscoa, da Quaresma e do Advento. Assim, a escolha e a distribuição das leituras, de modo gradual, permitem que os cristãos aprofundem a fé que professam e conheçam toda a história da salvação (ILM 60). A Primeira Leitura e o Evangelho estão sempre em concordância temática. As leituras do Antigo Testamento foram selecionadas em relação às perícopes evangélicas, com o fim de evitar uma excessiva diversidade entre as leituras de cada missa.

> O *Elenco das leituras da missa* oferece os fatos e palavras principais da história da salvação, tomando-os da Sagrada Escritura, de tal modo que esta história da salvação, que a Liturgia da Palavra vai recordando passo a passo, em seus diversos momentos e eventos, aparece diante dos fiéis como algo que tem uma continuidade atual, ao se fazer presente de novo o Mistério Pascal de Cristo, celebrado na Eucaristia (ILM 61).

Aos domingos e em festas, toda missa apresenta três leituras: a primeira, do Antigo Testamento; a segunda, das Cartas dos Apóstolos ou do Apocalipse; a terceira, do Evangelho. A intenção dessa distribuição é sublinhar a unidade entre os dois testamentos. Ainda mais, para os domingos, temos um ciclo de três anos para que as leituras não se repitam com frequência. Para essa divisão, observa-se uma "composição harmônica com concordância temática" e "leituras semicontínuas" (ILM 66). Ao repartir as leituras ao longo de três anos, procurou-se observar a divisão dos evangelhos sinóticos. No "ano A", lemos o evangelista Mateus; no "ano B", Marcos; no "ano C", Lucas. O Evangelho de João é lido nas festas e tempos fortes do ano litúrgico, como a Quaresma e o Tempo Pascal. No "ano B", juntamente com o evangelista Marcos, se lê alguns trechos do Evangelho joanino.

As leituras bíblicas escolhidas para os dias de semana seguem um esquema de dois anos: anos pares e anos ímpares. Há um evangelho para cada dia, igual nos dois anos. A mudança acontece na primeira leitura e no salmo responsorial: há uma série para os anos pares e outra para os anos ímpares, alternando textos do Antigo e do Novo Testamento.

Os textos do Antigo Testamento foram distribuídos sem uma ordem lógica, atendendo apenas à relação com o Evangelho. A concordância temática serve para reencontrar na maturidade do mistério de Cristo aquilo que foi vivenciado de modo imaturo, não totalmente significativo no Antigo Testamento (De Zan, 2015, p. 84-85).

Os textos históricos foram selecionados de modo que deem uma visão de conjunto da História da Salvação antes da Encarnação do Senhor (ILM 109). "A economia do Antigo Testamento destinava-se sobretudo a preparar, a anunciar profeticamente e a simbolizar com várias figuras o advento de Cristo, redentor universal, e o do reino messiânico. Tais livros, apesar de conterem também coisas imperfeitas e transitórias, revelam, contudo, a verdadeira pedagogia divina" (DV 15).

A relação entre as leituras da missa torna-se evidente por meio da cuidadosa escolha dos títulos que se encontram no princípio de cada leitura (ILM 106). Sendo assim, a Igreja anuncia o mesmo e único mistério de Cristo quando proclama, na celebração litúrgica, o Antigo e o Novo Testamento. No Antigo está latente o Novo, e no Novo se faz presente o Antigo. O centro e a plenitude de toda a Escritura e de toda a celebração litúrgica é Cristo, nossa salvação e vida (ILM 5).

O salmo responsorial, "parte integrante da Liturgia da Palavra", tem grande importância litúrgica e pastoral, pois serve como meditação da Palavra de Deus em forma de oração (ILM 19-22). O lecionário escolhe como salmo responsorial aquele texto que apresenta afinidade literária e temática com a primeira leitura ou com o Evangelho. Assim, o salmo serve para ampliar, completar e responder as temáticas da palavra proclamada.

O movimento é claro, se na primeira leitura Deus fala conosco, no salmo nós o respondemos por meio do canto. Esse efeito orante fica perdido quando o salmo segue de forma imediata à leitura, sem um mínimo momento de silêncio, e quando não é cantado. O ritmo das palavras e o espaço para o silêncio ajudam a assembleia a entrar na dinamicidade do diálogo com Deus.

Os salmos foram compostos e rezados nas várias épocas e fases da existência de Israel. Eles revelam a oração de um povo que ouviu falar de Deus na criação e nos eventos da história. Exprimem alegria e admiração, gratidão e arrependimento, angústias e tristezas, pedido de ajuda, de perdão e de proteção. Em cada salmo está expresso o sentimento mais profundo de cada criatura humana em relação com Deus. O próprio Jesus, e depois toda a comunidade cristã, sempre fez uso dos salmos.

Habitualmente, o salmo responsorial deve ser cantado. Tenha-se em conta os dois modos de cantar o salmo que se segue à primeira leitura: o modo responsorial e o modo direto. No modo responsorial, que na medida do possível se deve preferir, o salmista, ou cantor do salmo, canta os versículos do salmo e toda a assembleia participa mediante o refrão. No modo direto, o salmo é cantado sem refrão intercalado pela assembleia, ou só pelo cantor do salmo, enquanto a assembleia se limita a escutar, ou por todos ao mesmo tempo.

O canto do salmo, ou apenas do refrão, ajuda muito a entender o sentido espiritual do salmo e favorece a sua meditação. O canto dá cor à voz, exprime emoção e sentimento. A simples leitura do salmo não consegue exprimir alegria, angústia, tristeza ou louvor. Isso não é apenas uma questão estética, mas substancial, de qualidade litúrgica, identidade e consciência eclesial. O salmo que se segue à leitura, se não for cantado, deve recitar-se da maneira mais adequada à meditação da Palavra de Deus. Como parte integrante da Liturgia da Palavra, o salmo responsorial deve ser cantado ou proclamado da mesa da Palavra (ILM 20-22).

> Na Liturgia da Palavra, pela fé com que escuta, também hoje a assembleia dos fiéis recebe de Deus a Palavra da aliança, e deve responder a esta palavra com fé para que se vá convertendo cada vez mais em povo da nova aliança. O povo de Deus tem o direito de receber abundantemente o tesouro espiritual da Palavra de Deus (ILM 45).

A direção do movimento muda de novo. Deus fala à sua Igreja e a Igreja escuta. Na segunda leitura, o texto não mostra a criação e a história de Israel, e sim a vida da Igreja nascente e apostólica. Os apóstolos e os discípulos dos apóstolos nos oferecem profundas reflexões sobre o núcleo fundamental da fé e da edificação da comunidade, tendo como referência a pessoa e a obra de Jesus Cristo, morto e ressuscitado.

A segunda leitura está em concordância temática com a primeira leitura ou com o Evangelho nos tempos fortes (Advento, Natal, Quaresma, Tríduo Pascal, Páscoa), nas festas e nas solenidades. Desse modo, o específico dela é sugerir um testemunho de vida a partir do mistério tornado presente e operante na celebração. Os trechos, de fato, estão orientados para sugerir os valores e os comportamentos conformes à ótica com que se celebra o mistério de Cristo (De Zan, 2015, p. 88).

O ano C é o mais variado porque lê trechos de sete cartas. No entanto, é preciso notar que os trechos são tirados do pensamento teológico de São Paulo e da Carta aos Hebreus. O ano B, mesmo tendo textos semelhantes, abrange apenas cinco escritos. O ano A é mais compacto que os outros dois, lendo apenas quatro cartas, e, neste caso, de estrita teologia paulina. A Primeira Carta aos Coríntios, dado seu caráter teológico-pastoral, foi colocada nas primeiras semanas do Tempo Comum de todos os três ciclos, enquanto a Carta aos Hebreus, que ilustra o sacerdócio de Cristo, fica dividida entre o ano B e o ano C (ILM 107).

A cada uma das leituras, a assembleia aclama "graças a Deus". A aclamação parece óbvia, no sentido de agradecer a Deus pela sua Palavra dirigida à comunidade ou pela confirmação de declarar a aceitação do texto proclamado. Entretanto, o sentido apresenta-se mais profundo. Na antiguidade cristã, *Deo Gratias* era a expressão com que os cristãos se cumprimentavam ao se encontrarem. O dar graças é a atitude vital da caminhada cristã (Cl 3,17) (Taborda, 2015, p. 158). Essa resposta exprime o reconhecimento de que a graça de Deus se manifestou nas páginas que acabaram de ser proclamadas.

Existem muitos textos bonitos, escritores sagrados excelentes e maravilhosos testemunhos de vida para auxiliar a caminhada de fé do povo de Deus, no entanto, tais textos, mensagens e testemunhos não podem ser lidos durante a Liturgia da Palavra. O texto da Palavra de Deus não pode ser substituído por qualquer outro texto, por melhor ou mais bem escrito e claro que seja. Esse é um elemento que deve ser ressaltado e vivenciado. Muitas vezes, em particular nas novenas dos padroeiros, acrescenta-se uma leitura da história de vida do santo. Tal alteração ou acréscimo consiste em uma grave inflação litúrgica. É por meio da Palavra de Deus, transmitida por escrito, que Deus continua falando com seu povo (SC 33), e mediante o uso constante da Sagrada Escritura, o povo de Deus se faz mais dócil ao Espírito Santo e torna-se testemunho de Cristo (ILM 12). Os pastores sensíveis à realidade local e que desejam ajudar nas circunstâncias especiais das celebrações comunitárias podem usar, segundo a conveniência, as possibilidades que o mesmo *Elenco das leituras da missa* oferece, sobretudo por ocasião da celebração de alguma missa ritual ou votiva (ILM 63).

## Palavra de salvação

No centro da Liturgia da Palavra está a proclamação do Evangelho. Nele se nos apresenta Jesus, a própria Palavra feita carne, expressando-se em palavras e ações e, portanto, manifestando o Pai, do qual Ele é o "sacramento". Dia após dia, sobretudo, domingo após domingo, vamos tendo a oportunidade de acompanhar Jesus na sua missão e na revelação do mistério do Pai. Em cada acontecimento do caminho, nas curas e nas parábolas, nos discursos e nos encontros, somos convidados a entrar no mistério celebrado e a aderir mais profundamente e apaixonadamente à pessoa de Jesus Cristo, sua causa e sua missão.

A proclamação da Palavra na liturgia nos faz participantes ativos do mistério de Cristo quando nos torna "contemporâneos" a Ele e nos coloca em comunhão com a sua presença. O Verbo se encarnou em Jesus Cristo, Palavra de Deus, por excelência, na história. A Encarnação é a manifestação definitiva de Deus entre nós. Por meio dela, Jesus se torna homem em meio aos seres humanos e pode comunicar-se com a humanidade de uma forma acessível. Com Jesus Cristo, a revelação de Deus alcança sua realização e plenitude. Essa é a "boa notícia" que converte e transforma. É a razão de ser da Igreja. É luz para a inteligência, paz para o espírito, alegria para os corações.

Não lemos o Evangelho para saber a história de Jesus, mas o ouvimos para tomar consciência do que Ele fez e disse e para entrar no seu mistério de salvação: "ouvindo o anúncio da salvação, o mundo inteiro creia, crendo espere, esperando ame" (DV 1). Dessa maneira, não basta conhecer o contexto literário, linguístico e exegético: é necessário se aproximar da Palavra com o coração dócil e orante, a fim de que ela penetre a fundo os pensamentos, os sentimentos e gere uma nova mentalidade (EG 149).

De maneira menos teológica, mas nitidamente litúrgica, a ILM frisa a centralidade do Evangelho não apenas como livro, mas como leitura. A assembleia se prepara para a proclamação do Evangelho com as outras leituras, isto é, a partir do Antigo e do Novo Testamento. A própria liturgia nos educa a manifestar maior veneração à proclamação, uma vez que o cerca, mais do que às outras leituras, de honra especial, tanto por parte do ministro delegado para anunciá-la, que se prepara pela benção – "O Senhor esteja em teu coração e em teus lábios para que possas anunciar dignamente o seu Evangelho: em nome do Pai e do Filho e do Espírito Santo" –, ou pela oração – "Ó Deus todo-poderoso, purificai-me o coração e os lábios, para que eu anuncie dignamente o vosso Evangelho" – (MR, p. 443), como por parte dos fiéis que, pelas aclamações, reconhecem e professam que o Cristo está presente e lhes fala, e ouvem de pé a leitura (ILM 13-17).

Sendo sempre o anúncio evangélico o ponto alto da Liturgia da Palavra, as duas tradições litúrgicas, a ocidental e a oriental, mantiveram uma diferença entre o Evangelho e as demais leituras. Com efeito, o livro dos evangelhos era elaborado com grande cuidado, adornado e venerado mais do que qualquer outro lecionário. Assim, pois, é muito conveniente que também em nossos dias, nas catedrais, paróquias e igrejas maiores e mais concorridas, haja um evangeliário formosamente adornado e diferente do livro das demais leituras (ILM 36).

A proclamação do Evangelho é precedida da saudação ministerial e da incensação, sendo concluída com o beijo no evangeliário ou no próprio lecionário e com a benção do bispo. No anúncio, antes da proclamação, a assembleia e aquele que proclama o Evangelho fazem uma cruz sobre a testa, a boca e o peito. Não se trata daquela oração "pelo sinal da santa cruz...", mas sim de pedir a Deus que ilumine a nossa inteligência para compreender a Palavra, abençoe a boca e o coração para que a Palavra seja guardada com fidelidade, carinho e sabedoria, e depois explicada e vivida, em outras palavras, que levemos a boa notícia, por meio do anúncio, mas sobretudo do testemunho (Carvalho, 2014, p. 42).

Há outros elementos solenes distintos das demais leituras: a proclamação pelo ministro e não pelo leitor, a correlação entre altar e ambão simbolizada na presença do evangeliário, a aclamação por meio do canto, as velas, o perfume do incenso, o beijo, a benção e o pedido de perdão: "Pelas palavras do santo Evangelho sejam perdoados os nossos pecados" (MR, p. 444). É a eficácia da sacramentalidade da Palavra de Deus feita ação nos ritos e nas preces.

É impressionante como a ação não verbal acontece de modo rico e complexo, justamente quando a Palavra atinge o seu ápice. Está em jogo não apenas um conteúdo diferente, mas uma condição corpórea mais radical. Por isso, é preciso prestar atenção e cuidar dos movimentos, gestos e tatos. Da mesma forma que a Palavra pode não comunicar por causa da rigidez, da frieza e da leitura incerta, os gestos podem tornar-se inexpressivos, inutilmente cerimoniais, mecânicos e ridículos.

Da procissão do Evangelho é preciso distinguir a prática comum, em particular no Brasil e no mês da Bíblia, de entrar com a Bíblia (ou o lecionário) antes da primeira leitura ou na procissão de entrada. Ao contrário da entrada do Evangeliário, que tem um sentido simbólico, a procissão da Bíblia traz um mal-entendido, como se o livro devesse ser homenageado. Não é a materialidade da Palavra de Deus que atualiza a presença do mistério de Cristo, mas a sua proclamação (Taborda, 2015, p. 155). Da mesma forma, convém recordar que o lugar dedicado à Palavra de Deus no espaço litúrgico é o ambão. Não há qualquer necessidade de preparar um outro espaço para sublinhar a necessidade de observar com mais atenção a Palavra.

A relação entre o Ressuscitado, a comunidade dos crentes e a Sagrada Escritura é extremamente vital para a nossa identidade. Na liturgia da Igreja, as Escrituras são profundamente compreendidas. Entramos no mistério mediante a escuta do Evangelho. Ele sempre fala sobre a morte e a ressurreição de Jesus. Qualquer outro conteúdo que apresente tem sempre como objetivo apresentar o mistério da Paixão em todo o seu conteúdo. Portanto, a proclamação do Evangelho constitui o ponto alto da Liturgia da Palavra.

É por meio dessa proclamação que o Senhor Ressuscitado intensifica a sua presença em meio à assembleia e atualiza "hoje" o seu mistério de amor.

## Corações ardentes

Na unidade gerada pela escuta, os pastores têm a responsabilidade e o desafio de explicar, fazer compreender e atualizar a Sagrada Escritura[5]. Se a sacramentalidade da Palavra de Deus nos leva a descobrir a presença eficaz de Cristo e do Espírito na proclamação e na atualização das Escrituras, por sua vez, a homilia procura estabelecer o elo entre a eficácia salvífica da Palavra de Deus e a dinâmica existencial da comunidade orante e de fé (Benedito, 2022, p. 74).

Deste modo, a homilia tem uma função rica e decisiva, um caráter quase sacramental (EG 142). A sua natureza sacramental deriva de seu ser mediação do próprio falar de Deus ao seu povo. As suas fontes são a Palavra proclamada e a assembleia reunida, a Palavra anunciada e a Palavra celebrada. Ela é o ponto de comparação para avaliar a proximidade e a capacidade de encontro de um Pastor com o seu povo (EG 135). Uma das tarefas da homilia, então, é atrair a atenção sobre os vestígios da presença de Deus e de Jesus no mundo, na Igreja, na história e na vida. O "pregador" é aquele que consegue incitar a imaginação dos ouvintes. Sendo assim, a função primordial da homilia é estimular a imaginação dos fiéis diante do mistério de Deus e excitar a criatividade no ato de responder à Palavra proclamada.

---

5. Em 2015, naquela ocasião a "Congregação", hoje o Dicastério para o Culto Divino e a Disciplina dos Sacramentos, a pedido do Papa Francisco, lançou um "Diretório homilético" e o dividiu em duas partes: na primeira – "A Homilia e o âmbito litúrgico" –, descreve-se a natureza, a função e o contexto peculiar da homilia; depois, surge a "Arte da pregação", dividida em seis capítulos em que se exemplificam as coordenadas metodológicas que o homiliasta deve conhecer nos diversos tempos litúrgicos ao longo do ano. Nos apêndices tem-se acesso a "Homilia e o Catecismo da Igreja Católica" e a fontes pós-conciliares "relevantes" sobre a pregação. São muitas as fontes eclesiais sobre a homilia. No Concílio Vaticano II encontramos: *Sacrosanctum Concilium* (7, 24, 35, 52, 56); *Lumen Gentium* (25); *Dei Verbum* (7-13, 21, 25); *Gaudium et Spes* (58); *Ad Gentes* (6); *Presbyterorum Ordinis* (4, 18). No magistério papal: Paulo VI – *Mysterium Fidei* (36); *Evangelium Nuntiandi* (43, 75-76, 78-79); João Paulo II – *Catequesis Tradendae* (48); *Pastores Dabo Vobis* (26); *Pastores Gregis* (15); *Dies Domini* (39-41); *Novo Millennio Ineunte* (39-40); Bento XVI – *Sacramentum Caritatis* (45-46); *Verbum Domini* (52-71); Francisco – *Evangelii Gaudium* (135-159). De fato, o Diretório é um manual essencial para todos os ministros ordenados e para aqueles que se preparam para a ordenação.

A homilia não é um anexo da celebração, mas uma parte integrante da ação litúrgica (ILM 24), sendo vivamente recomendada e indispensável para nutrir a vida cristã (IGMR 65). Antes da reforma conciliar, havia a prática de iniciar ou terminar a homilia com o sinal da cruz, orações ou saudações. Também, nesse momento, eram dados os avisos da missa. Hoje em dia, tais práticas ainda prevalecem (retornaram) em alguns lugares. Há ministros ordenados que sentem a necessidade de invocar a Trindade, o Espírito Santo com o canto "A nós descei, Divina Luz", os anjos e os santos. Essas práticas não têm qualquer sentido, revelam a incompreensão do momento e o exagero dos devocionalismos pessoais.

A homilia é a exposição dos mistérios da fé e das normas da vida cristã no decurso do ano litúrgico e a partir do texto sagrado. É parte da própria Liturgia da Palavra e não deveria ser omitida, sem motivo grave, nas missas dos domingos e festas de preceito, concorridas pelo povo (SC 52). A visibilidade do Espírito acontece na prévia preparação do pregador: "um pregador que não se prepara não é espiritual: é desonesto e irresponsável quanto aos dons que recebeu. A preparação da pregação é uma tarefa tão importante que convém dedicar-lhe um tempo longo de estudo, oração, reflexão e criatividade pastoral" (EG 145).

Na preparação da pregação há que considerar dois aspectos: "o que dizer" (EG 145-155) e "como dizer", ou seja, a forma de desenvolver uma pregação (EG 156-159). Existem dois modelos opostos. De um lado, podem ser encontrados aqueles que querem explicar tudo e cancelar o mistério. Do outro, temos aqueles que não explicam nada e giram em torno de palavras vazias. O desafio causado pela falta de preparação é enorme: sofrem os fiéis, sofrem os ministros (EG 135). Uma boa homilia é aquela que consegue unir a linguagem simbólica, com as suas analogias, imagens, comparações e transgressões.

Introduzir profundamente na Palavra de Deus, com uma linguagem simples e adaptada, a quem escuta, requer a descoberta da beleza das imagens que o Senhor utilizava para incentivar a prática do bem. Contudo, deve-se manter o equilíbrio entre dois polos: a fidelidade objetiva ao texto sagrado, mas também a autenticidade do sujeito que o proclama e comenta, porque a Palavra de Deus quer ser dita por criaturas humanas e não por uma instituição moralista e distante da realidade. Nessa linha, são relevantes os polos da liturgia com sua eficácia sacramental e o da atualização que evite uma mensagem que veleja sobre a cabeça dos fiéis em geometrias teológicas abstratas. O pregador tem a belíssima e difícil missão de unir os corações que se amam: o do Senhor e o do seu povo. O diálogo entre Deus e o seu povo reforça ainda mais a aliança entre ambos e estreita o vínculo da caridade (EG 143).

Esse não é o momento para intuições pessoais e para delongar-se na explicação de teorias ou histórias individuais. Aquilo que é pregado e escutado é a fé apostólica da Igreja e não meramente pensamentos e experiências privadas de um indivíduo: "O meu ensinamento não é meu, mas daquele que me enviou" (Jo 7,16). Como Cristo dá testemunho do Pai, os seus discípulos devem dar testemunho dele: "Não nos pregamos a nós mesmos, mas a Cristo Jesus, o Senhor, e nos consideramos vossos servos, por amor de Jesus" (2Cor 4,5). Ele é o conteúdo principal da pregação, em particular o evento da sua morte e ressurreição.

Assim, o Mistério Pascal torna-se a base de todas as pregações. Pregar Cristo significa pregar o mistério de Deus, no qual "estão escondidos todos os tesouros da sabedoria e da ciência" (Cl 2,2-3). Essa beleza foi iniciada desde os tempos apostólicos e se desenvolveu durante o período da Patrística. A pregação no nosso tempo deveria ser marcada pela continuidade com a herança apostólica e patrística (Driscoll, 2006, p. 52), resgatando a dimensão mistagógica, a missão de iniciar, educar e formar os irmãos na fé.

A função da homilia será, portanto, provocar uma abertura de fé para que se verifique uma frutuosa recepção do sacramento. Trata-se de fazer passar a fé do estado latente a um comportamento consciente e vivido na certeza do encontro com Deus (Biscontin, 2015, p. 38). É nisso que reside toda a poderosa beleza da liturgia. A fé cristã ou é um encontro com Ele vivo, ou não existe (DD 13). A homilia dentro da liturgia pode nos garantir a possibilidade de tal encontro.

A proclamação litúrgica da Palavra de Deus não é tanto um momento de meditação e de catequese, nem de conferência, nem de lição, mas o diálogo de Deus com o seu povo, no qual se proclamam as maravilhas da salvação e se propõem continuamente as exigências da Aliança. Um diálogo é muito mais do que a comunicação de uma verdade, por isso, a pregação puramente moralista ou doutrinadora e a que se transforma em uma lição de exegese reduzem essa comunicação entre os corações (EG 142).

O pregador é aquele que conhece o coração da sua comunidade e sabe identificar onde está vivo e ardente o desejo de Deus e onde esse diálogo de amor foi sufocado ou não pôde dar frutos (EG 137). Assim, ele é o responsável por preparar uma síntese simples, clara, direta, objetiva e breve, que não supere dez minutos (EG 158; Francisco, 2018, p. 48).

> A homilia não pode ser um espetáculo de divertimento, não corresponde à lógica dos recursos mediáticos, mas deve dar fervor e significado à celebração. É um gênero peculiar, já que se trata de uma pregação no quadro duma celebração *litúrgica*; por conseguinte, deve ser breve e evitar que se pareça com uma conferência ou uma lição. O pregador pode até ser capaz de manter vivo o interesse das pessoas por uma hora, mas assim a sua palavra torna-se mais importante que a celebração da fé. Se a homilia se prolonga demasiado, lesa duas características da celebração litúrgica: a harmonia entre as suas partes e o seu ritmo. Quando a pregação se realiza no contexto da liturgia, incorpora-se como parte da oferenda que se entrega ao Pai e como mediação da graça que Cristo derrama na celebração. Esse mesmo contexto exige que a pregação oriente a assembleia, e o pregador, para uma comunhão com Cristo na Eucaristia, que transforme a vida. Isto requer que a palavra do pregador não ocupe um lugar excessivo, para que o Senhor brilhe mais que o ministro (EG 138).

Para muitos fiéis, a homilia é a única ocasião que eles têm para captar a beleza da Palavra de Deus e o único contato para fazê-la acontecer na sua vida diária. Os presbíteros devem dedicar tempo conveniente à preparação da homilia; nunca deveriam improvisar o comentário às leituras sagradas, sobretudo para não se alongarem desmesuradamente com homilias enfadonhas, sobre assuntos não atinentes e com apelos sentimentais/psicológicos. A oração e a meditação do texto sagrado facilitam a escuta do ministro para que ele consiga expressar o essencial do texto, fugindo da superficialidade no contexto litúrgico e da repetição de muitas palavras.

O discurso homilético deve oferecer esclarecimentos: esclarece a vida sobre a base da Palavra e esclarece a Palavra sobre a base da vida. É uma ponte de comunhão. Deve ser capaz de admiração, de colocar em crise, inquietar, interrogar, obrigar a refletir, escutar e imaginar, sobretudo, reconhecendo e valorizando a força do Espírito de Deus que atravessa o texto da Escritura e a vida dos ouvintes (Grillo; Conti, 2021, p. 90). A homilia traz a Palavra para a vida, responde aos nossos medos, faz refletir sobre as opções, sustenta a esperança, acalenta a frieza, quebra a dureza, dá significatividade às perspectivas.

A participação litúrgica revela a sua eficácia quando os fiéis conseguem dar uma resposta concreta à Palavra de Deus na vida e na caminhada diária. Para que possamos responder de modo coerente à força do Evangelho que nos traz a promessa de Deus e a boa notícia da salvação, é preciso precaver-se das palavras enfermas e carregadas de negatividades: não fazemos, não somos capazes, pecamos demais, somos fracos... Elas não geram consciência no imaginário do povo, mas apenas "culpas" que não ajudam o processo de conversão, a mudança de vida e a prática da caridade. Devemos ir mais longe e avançar na profundidade. As palavras enfermas refletem mais as patologias da vida cristã e as nostalgias do passado do que a fisionomia do cristão no mundo de hoje.

Há uma necessidade real e urgente de readequar a linguagem e desbloquear os mecanismos estéreis da falta na homilia: falta fé, falta esperança, falta caridade. Podemos dizer sobre essas coisas mais de modo contrário, mediante uma alocução festiva e alegre, capaz de animação, orientação e comunhão. É dessa comunhão que nascerá um futuro mais comprometido.

A homilia deve conter propostas, proposições e projeções, não somente condenações, proibições, censuras e reprovações: "uma *linguagem positiva,* que não diz tanto o que não se deve fazer, como sobretudo propõe o que podemos fazer melhor. [...] Uma pregação positiva [...] não nos deixa prisioneiros da negatividade" (EG 159). Não um sermão moral, mas uma proposta de vida mais evangélica, próxima de Deus e dos irmãos, sinal eficaz da fé, da esperança e da caridade.

Além da competência teológica, é indispensável uma comparação séria com a cultura e a situação social em que se atua. O contexto local, a sensibilidade religiosa, a visão do homem, a mudança da escala de valores deve ser levada em consideração. O homiliasta tem a tarefa de aplicar às circunstâncias concretas os grandes valores do Evangelho.

Uma boa profissionalização na arte de comunicar e na questão gramatical é também importante. Hoje falta-nos uma adequada formação sobre a arte retórica ou, como se dizia, a oratória sacra. É preciso ajudar para que os futuros ministros tenham uma formação metodológica e prática, treinamento e aprendizagem, segurança e força interior, entusiasmo, preparação adequada, integridade moral e consciência positiva de si, capacidade de escuta para que a mensagem seja direta e eficaz (Biscontin, 2015, p. 43-60).

> A arte da celebração não é algo que possa ser improvisado. Como toda arte, requer aplicação consistente. Para um artesão, a técnica é suficiente. Mas para um artista, além do conhecimento técnico, também deve haver inspiração, que é uma forma positiva de posse. O verdadeiro artista não possui uma arte, mas é possuído por ela. Não se aprende a arte de celebrar frequentando um curso de oratória ou de técnicas de comunicação persuasivas. Toda ferramenta pode ser útil, mas deve estar a serviço da natureza da liturgia e da ação do Espírito Santo. É necessária uma dedicação diligente à celebração, permitindo que a própria celebração nos transmita a sua arte (DD 50).

Para que a "boa notícia" apresentada na homilia faça eco no coração de todos os fiéis, é essencialmente necessária uma pausa para o silêncio (IGMR 66; ILM 28). Sendo o uma disposição a ouvir nosso coração e, sobretudo, a voz do Espírito Santo (Francisco, 2018, p. 36). Todos precisam ser educados para a necessidade da recepção da Palavra mediante o silêncio. Redescobrir a centralidade da Palavra de Deus na vida da Igreja significa redescobrir o sentido do recolhimento e da tranquilidade interior. É no silêncio que a Palavra de Deus encontra morada na vida da pessoa, como aconteceu com Maria, mulher silenciosa. A liturgia deve facilitar essa escuta autêntica e silenciosa como parte integrante da celebração (VD 308). Um tempo de silêncio, depois da homilia, permite sedimentar na vida a semente recebida, a fim de que nasçam propósitos de adesão à sugestão interior do Espírito.

## A fé feita profissão

Após a homilia, a comunidade é convidada a professar a fé e respondê-la de modo pessoal com o Credo, ou com um nome mais antigo, o "símbolo da fé". Há uma ligação vital entre a escuta da Palavra e a profissão da fé.

Antes de concluir a Liturgia da Palavra, a assembleia de pé e a uma só voz declara (canta) tudo aquilo que a Igreja Apostólica crê mediante a atenta escuta da Palavra de Deus.

Nesse sentido, a finalidade dessa profissão é levar o povo a dar a sua adesão e comprometer-se com a Palavra de Deus ouvida nas leituras e na homilia. Seu objetivo é recordar os grandes mistérios da fé, antes de iniciar sua celebração na Liturgia Eucarística (IGMR 67). A palavra "credo" origina-se do latim: *Credo in Deum Patrem omnipotentem*, isto é, "Creio em Deus Pai todo-poderoso"; é por isso que, em português, dizemos "creio". Chamamos de "Credo", "Creio", em razão da primeira palavra com que iniciamos a nossa profissão de fé.

A profissão de fé é síntese da história salvífica e sumário dos mistérios revelados de Deus. O Creio é expressão da fé viva da Igreja. É um *sacrificium laudis* da Igreja. Não é um compêndio de coisas a saber, mas a sequência ordenada de experiências vividas e a serem ainda vivenciadas. Pela Tradição, a profissão de fé teve início durante o processo batismal, quando o adulto optava pela vida cristã, e no dia do Batismo, ou durante a preparação, fazia uma solene proclamação de fé. Com efeito, a profissão de fé dentro do contexto eucarístico nos permite atingir a plenitude do contexto originário batismal.

O símbolo da fé vincula a Eucaristia ao Batismo recebido "em nome do Pai, do Filho e do Espírito Santo", e recorda-nos que os sacramentos somente podem ser compreendidos à luz da fé da Igreja (Francisco, 2018, p. 50). Nós acreditamos não somente em Deus, mas também naquilo que a Igreja nos diz sobre Deus e da nossa vida em Deus.

> No Credo, o fiel é convidado a entrar no mistério que professa e a deixar-se transformar por aquilo que confessa. Aquele que confessa a fé sente-se implicado na verdade que confessa; não pode pronunciar, com verdade, as palavras do Credo sem ser por isso mesmo transformado, sem mergulhar na história de amor que o abraça, que dilata o seu ser, tornando-o parte de uma grande comunhão, do sujeito último que pronuncia o Credo: a Igreja (LF 45).

Uma das características do Creio é ser patrimônio da história da salvação revelada por Deus. Dessa forma, rezado no meio de todos aqueles que assumem para si o projeto de Deus, é um instrumento precioso de anúncio que dá firmeza à fé dos discípulos. Onde ele é professado, irradia com clareza a fé apostólica da Igreja e congrega a própria Igreja em torno das verdades reveladas. Recitar, proclamar ou cantar o Credo é imergir-se no oceano infinito de Deus, sentir-se envolvido pelas suas mãos e guiado com segurança em direção à plenitude da vida.

O desenvolvimento do texto – seja na forma breve do *Credo apostólico*, seja na forma mais complexa do *Credo niceno-constantinopolitano* – aconteceu durante os primeiros séculos por questões que dividiam a Igreja. O símbolo mais antigo é o *apostólico* e contém 12 artigos que resumem as verdades principais da fé. Não é apostólico pela sua origem, nasceu mais ou menos no século III e sofreu diversos retoques posteriores, mas por ser uma profissão de fé idêntica à dos apóstolos.

A riqueza e a profundidade de cada artigo mereceriam, sem dúvida, um tratado imenso, no entanto, não seria esse o nosso objetivo; além disso, um valioso aprofundamento pode ser encontrado no Catecismo da Igreja Católica. Não podemos esquecer que os "dogmas" presentes, sobretudo na fórmula mais longa do Credo, são definidos a serviço e não como substituição da Palavra de Deus. O Credo é a declaração que vai da criação à vida eterna, daquilo que a liturgia da missa nos faz participar diretamente na fonte rica da Palavra e na potência do sacramento.

### A oração por todos

A última parte da Liturgia da Palavra é aquela que vem chamada como "preces dos fiéis" ou "oração universal". Depois da escuta da Palavra que alimentou a nossa fé e antes de participar do sacrifício pascal do cordeiro, o povo de Deus, exercendo a sua função sacerdotal, eleva preces a Deus pela salvação de todos. De certo modo, esse momento é também uma resposta à Palavra de Deus acolhida na fé (IGMR 69). Deus falou e nós o escutamos; agora nós, a partir da experiência da escuta, podemos falar, e Deus há de escutar-nos. Tais súplicas devem ser muito gerais. A Igreja dá voz à sua relação com todo o mundo. As necessidades pessoais podem ser apresentadas no silêncio do coração.

A oração dos fiéis é um momento de grande valor teológico porque nos ajuda a tomar consciência da nossa dignidade e responsabilidade de povo sacerdotal, que tem o direito e o dever de fazer preces e súplicas a Deus em favor de todos os homens. É um momento educativo para acordar a nossa sensibilidade católica, universal, superando personalismos e interesses de grupo. Por isso, deve ser um momento marcado pela liberdade e pela criatividade, na intenção de formular uma oração viva e atual, de profunda comunhão e solidariedade com as necessidades da Igreja e do mundo inteiro (Falsini, 2013, p. 74-75).

Esse é um dos momentos que foi recuperado com a reforma litúrgica proposta pelo Concílio Vaticano II. É uma experiência lenta, plena de crises e dificuldades, mas estamos aprendendo. Ainda um grave equívoco permanece, em particular, na celebração comunitária da memória e da festa dos santos, que é o de substituir a oração universal pela oração litânica ou pelas ladainhas dos santos. As intenções das preces estão destinadas para a nossa realidade mais sofrida e necessitada da intervenção de Deus, não simplesmente para a recordação da intercessão e da vida dos santos e santas de Deus. Rezamos para que nós, como eles, sejamos significativos na construção de um mundo novo a partir do Evangelho de Jesus Cristo. Por isso, precisamos de força para que as nossas ações estejam em consonância com a Palavra proclamada.

Necessitamos aprender a rezar partindo dos textos proclamados na assembleia e da vida vivida na comunidade. Sair da lógica do repertório, das preces prontas é necessário e urgente. É um trabalho entre gerações que nos indica a necessidade de sair da fórmula dada para redescobrir a eficácia de uma indispensável passagem ritual. Dirigir preces a Deus não é se refugiar em um mundo ideal, nem se agarrar em uma falsa e egoísta tranquilidade, mas é a autêntica necessidade do coração.

É importante insistir na amplitude das intenções. A comunidade que não consegue expressar desejos que vão além dos próprios interesses revela um sentido muito estreito de Igreja. A comunidade que reflete o coração alargado de Cristo reza sempre por todas as necessidades, em primeiro lugar, por toda a Igreja, para que o seu serviço seja agradável a Deus e ela seja o sacramento da salvação para o mundo. Depois, rezamos pelo mundo, sobretudo para que o mundo possa conhecer a salvação oferecida por Cristo (SC 53). Em seguida, pode-se rezar pelos poderes públicos, pelos que sofrem qualquer necessidade, pela comunidade local. As intenções propostas devem ser sóbrias, compostas por sábia liberdade, breves palavras e expressar a oração de toda a comunidade (IGMR 71).

A oração na nossa vida não precisa ser demorada, longa e insistente. Nossos desejos ou pedidos impossíveis não nos vêm *da* oração, mas *na* oração. Toda nossa vida deve ser uma oração. Cada pensamento, ação e desejo precisam estar sintonizados no diálogo contínuo com aquele que nos ajuda a preencher nossos vazios existenciais. Orar é reconhecer que sempre nos falta algo e que somente um Outro pode nos dar.

A oração nos traz força para procurar, discernimento para escolher, silêncio para escutar, esperança para viver e fé para continuar. A insistência contribui para sairmos do comodismo barato e do imediatismo ansioso. A oração autêntica não consiste em tentar convencer Deus de nossas vontades, mas deve nos colocar em sua perspectiva, inserindo-nos em seu projeto de bondade para toda a humanidade. Portanto, orar é reconhecer o primado de Deus em nossa vida, no tempo, no espaço e na história concreta e real. A oração é uma necessidade em todas as circunstâncias da vida. É um eterno desejo de comunhão.

Em síntese, toda a Liturgia da Palavra (leituras, homilia, creio e oração dos fiéis), mesmo que apresente uma estrutura ritual mais fixa, ajuda o corpo eclesial a receber a Revelação e a responder com uma fé concreta, graças à força sacramental da Palavra. Não é necessário juntar mais ritos além dos prescritos nas rubricas, mas ser consciente da potência ativa daquilo que está previsto. Na prática, o objetivo ritual é mudar as mentalidades e ajudar na construção do Reino de Deus.

## LITURGIA DA PALAVRA

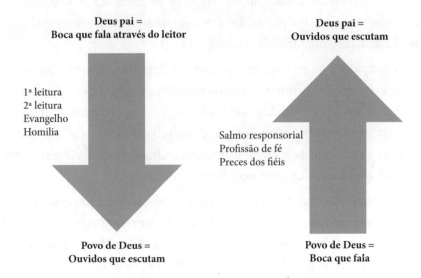

## LITURGIA EUCARÍSTICA

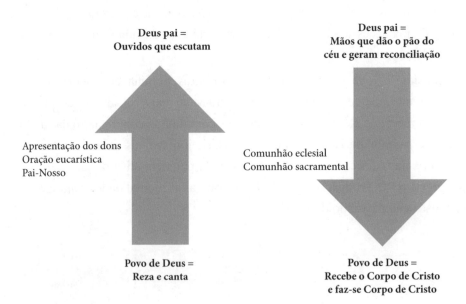

# VI
# Liturgia Eucarística

A Liturgia Eucarística, em sequência à Liturgia da Palavra, estrutura-se em três partes fundamentais: apresentação ou preparação dos dons ("tomou o pão"), oração eucarística ("deu graças") e rito de comunhão ("o partiu e deu"). A primeira parte não é uma antecipação da oração eucarística, como se pensava antes da reforma litúrgica, mas uma apresentação. Nesse sentido, a reforma desejou recuperar a apresentação dos dons como um rito comunitário e não como uma ação isolada do padre. O povo de Deus, e devem ser eles, apresenta a oferta que será oferecida a Deus durante a oração eucarística. Em toda a sequência emergem expressões verbais e não verbais, palavras e ações (Grillo; Conti, 2021, p. 106-108).

É preciso lembrar que a Igreja tem autoridade para reformar seus rituais e sempre o fez por entender que, nas palavras de Paulo VI, no esquema *De liturgia* no Concílio: "A liturgia foi feita para as pessoas e não o inverso". Basta abrir o Missal publicado por São Paulo VI que se pode encontrar os outros missais publicados durante a história da Igreja, como muito bem infere o Papa Francisco. Com isso, temos que superar leituras infundadas e superficiais, recepções parciais e práticas que desfiguram a reforma litúrgica. A educação litúrgica de pastores e fiéis é um desafio a ser enfrentado sempre de novo.

Na Última Ceia, Cristo instituiu a Ceia Pascal que torna presente na Igreja o sacrifício da cruz (IGMR 72). O conteúdo do pão partido é a cruz de Jesus, seu sacrifício de obediência por amor ao Pai. Se não tivéssemos a Última Ceia, isto é, se não tivéssemos a antecipação ritual do sacrifício da cruz, não poderíamos compreender como a morte de Cristo significou um ato de adoração perfeita, agradável ao Pai, o único ato verdadeiro de adoração, a única verdadeira liturgia (DD 7).

O centro de toda Liturgia Eucarística é o altar (IGMR 73). Em virtude da unção, o altar torna-se símbolo de Cristo, que é o "ungido" por excelência e assim é chamado, pois o Pai o ungiu com o Espírito Santo e o constituiu Sumo Sacerdote, para oferecer no altar de seu corpo o sacrifício da vida pela salvação de todos (*Pontifical Romano*, p. 434).

Quando fitamos os olhos no altar, olhamos precisamente para onde está Cristo. A missa é um encontro de amor com Cristo, o qual, "oferecendo o seu corpo na cruz [...], se tornou altar, vítima e sacerdote" (Prefácio Pascal V). Com efeito, sendo sinal de Cristo, o altar é "o centro da ação de graças que se realiza com a Eucaristia" (IGMR 296), e toda a comunidade está ao redor do altar, não para olharem uns aos outros, mas para que todos voltem o olhar a Cristo, centro da Igreja em oração.

A centralidade, dignidade e autonomia do altar foi mais um ganho da reforma litúrgica do Concílio Vaticano II. Sendo colocado mais próximo da assembleia, tem a intenção de facilitar a participação ativa e a contemplação do mistério celebrado (IGMR 299). O espaço da igreja deve expressar e favorecer em tudo a comunhão da assembleia, que é o sujeito celebrante. Portanto, nas igrejas haja apenas um altar, que signifique um só Cristo e uma só Eucaristia (IGMR 303).

Em uma linguagem tradicional, o altar é a "ara" da cruz, lugar em que acontece o único e verdadeiro sacrifício. Devemos ser conscientes de que quando nos orientamos em direção ao altar, estamos orientados em direção ao sacrifício de Cristo na cruz. De fato, a imagem de Cristo crucificado deve ser vista pelos fiéis para recordá-los a Paixão salvadora do Senhor e deve permanecer junto ou perto do altar (IGMR 308). Ter uma cruz junto ou perto do altar não quer dizer tê-la em cima do altar; no máximo, sobre o altar e não colada na parede. O importante é que se tenha uma única cruz, inclusive podendo ser a mesma levada em procissão (IGMR 122). A cruz em cima do altar é mais um dado ou um desejo devocional do presidente da celebração e não encontra na IGMR qualquer explicitação. Pelo que temos visto, hoje em dia, é a primeira vez que na história da liturgia tem-se defendida a ideia de uma cruz apoiada sobre o altar, contrariando toda a Tradição da Igreja e a norma litúrgica vigente.

102

Além do mais, sobre a mesa do altar, apenas se pode colocar o necessário para a celebração da missa: o evangeliário, desde o início da celebração até a proclamação do Evangelho; o cálice com a patena, a píxide, se precisar, e ainda o corporal, o sanguinho e o Missal, desde a apresentação dos dons até a purificação dos vasos (IGMR 306). Os castiçais prescritos para cada ação litúrgica, em sinal de veneração e de celebração festiva (IGMR 117), dispõem-se em cima do próprio altar ou em volta dele; no entanto, devem formar um todo harmônico e não impedir os fiéis de verem facilmente o que no altar se realiza ou o que nele se coloca (IGMR 307).

Nesse sentido, até mesmo as toalhas devem ser discretas, de cor branca, combinando com o formato, o tamanho e a decoração do altar (IGMR 117; 304). O altar é o centro da missa e, desde os primeiros séculos, é considerado como o símbolo de Cristo, pedra viva (1Pd 2,4; Ef 2,20). Sendo Cristo, o nosso oriente, e o altar, símbolo de Cristo, é a ele que toda a assembleia, padre e povo, deve estar voltada!

## Os dons apresentados

Na apresentação ou preparação das ofertas, observamos algumas sequências rituais: dirigir-se ao altar, preparar a procissão com o pão e o vinho enquanto o povo canta, colocar as ofertas sobre o altar, pronunciar a forma de apresentação a Deus, purificar as mãos e rezar a oração sobre as oferendas. Segundo as diversas tradições, a Liturgia Eucarística tem início com esse conjunto de ritos que teve nomes diferentes e, no Ocidente, ficou conhecido como "ofertório".

Para evitar as ambiguidades dessa denominação, a partir do Missal de Paulo VI, assumiu-se a expressão "preparação ou apresentação dos dons". Não se trata de "ofertório" porque nossa oferenda é a própria oferenda de Cristo e, portanto, o momento do ofertório acontece durante a oração eucarística. Nós não oferecemos a Deus o pão e o vinho como alimentos naturais, mas o corpo e o sangue de Cristo presente nos sinais sacramentais e conviviais do pão e do vinho, o sacrifício da cruz.

São os fiéis que devem trazer pão e vinho, ou outros dons para o auxílio da comunidade e dos pobres (MR, p. 446). A oferta é do povo de Deus. Na oferta do povo está a melhor ocasião para compreender a relação entre o sacrifício do povo de Deus e o sacrifício de Cristo (Rm 12,1). Ao trazerem pão e vinho, os cristãos pretendem significar sua participação nos frutos da Eucaristia e expressar o sacerdócio dos fiéis.

Os gestos exteriores revelam a unidade entre a dimensão sacramental e a dimensão eclesial. Os dons ofertados servem como símbolo do Corpo e Sangue de Cristo, que encontra a sua plena verdade na comunhão eclesial, no povo de Deus, corpo de Cristo e templo do Espírito Santo (Grillo, 2019, p. 119). Os gestos e as coisas, os acontecimentos e as lembranças evocam a palavra e a fecundam.

Os fiéis trazem o pão e o vinho de uma forma que a assembleia possa perceber claramente: embora eles não tragam mais de casa, como outrora, o rito de apresentar o pão e o vinho destinados à liturgia guarda um valor e um significado espiritual (IGMR 73). Os dons materiais são símbolos da nossa entrega interior. No rito exterior, os dons são trazidos ao altar pela comunidade; na oração da Igreja, são apresentados a Deus, para que se tornem sinal do grande dom, o dom definitivo da oferta de Jesus na cruz. O pão e o vinho trazidos pelos fiéis, com seu significado próprio, se inserem em um contexto mais vasto das obras de caridade.

O pão e o vinho são os mesmos elementos usados por Jesus na Última Ceia, sua escolha por parte de Jesus não foi algo casual, mas toca na história e na cultura bíblica, na qual estão presentes os alimentos comuns do povo de Israel. Pão e vinho evocam uma longa história humana e abrem a nova história em que o Senhor se doa como "alimento" de vida e salvação.

Nutrir-se é o pressuposto vivente de toda a existência. A Eucaristia, narração da morte e ressurreição de Jesus, é o evento fundador da humanidade. Com efeito, pão e vinho indicam os elementos do sacrifício e do convívio festivo. Dois sinais expressivos, dois modos para se relacionar com o Senhor. Não se pode opor os dois conceitos eucarísticos: ceia e sacrifício. Quando se opõem, não se vê, então, na refeição, mais do que um comer indiferente e individual, despojado de todas as conotações sociais e simbólicas; no sacrifício, não se vê mais que a oblação cruenta. A *mesa* da festa é o *altar* da cruz e o *altar* da cruz é a *mesa* da festa, porque um e outro são expressões místicas do "banquete do cordeiro" (Lafont, 2021, p. 45).

A ação litúrgica da apresentação dos dons merece ser recuperada, entendida e melhor valorizada para não ser banalizada. Trata-se de apresentar ao altar pão e vinho, a matéria a ser usada na Eucaristia. Não tem sentido levar espigas, cachos de uva, pães de padaria, sandálias e outras tantas coisas. Nada disso será transformado em Eucaristia e serve apenas como um acréscimo ou enfeite sem sentido. Não é nem um pouco pedagógico, pastoral ou formativo.

Há também de ser considerada a qualidade das hóstias (dos ázimos) que se usam na missa. O problema não pode ser considerado marginal ou inexistente. A simbolização eucarística não é medida convenientemente por essa espécie de pão estilizado que se usa em geral: a partícula não deveria ser pré-fabricada, ela é a parte do todo. É a "fração do pão" o sinal vivo da comunhão, se o pão já vem partido e confeccionado, a beleza da ação ritual-simbólica e da comunhão eclesial desaparecem. Partir o pão possibilita a participação de todos no único pão, o que expressa e realiza a unidade da Igreja (1Cor 10,17) (Taborda, 2015, p. 143).

A partícula deve ser um fragmento. É importante a "verdade do gesto", tão valorizada pela reforma litúrgica. Não nos servem apenas as rubricas necessárias para bem celebrar, mas a recuperação de uma teologia que esteja em consonância com a riqueza da tradição bíblica e litúrgica.

É verdade que o pão e o vinho encontram um precioso significado no contexto da Páscoa e da Última Ceia, onde são oferecidos em obediência ao mandato do Senhor de "fazer memória". Entretanto, podemos refletir sobre a potência e a riqueza que exprimem desde a sua origem natural. Eles exprimem uma linguagem própria, carregada de desejo, cuidado e amor. Em resumo, seja a partir do significado natural, seja do significado teológico, pão e vinho expressam comunhão e participação.

Na valorização desses elementos, vemos não somente a relação entre Sacramento e Igreja, mas também entre a Igreja e o mundo, a Igreja e a inteira criação, a Igreja e toda a história. Por meio da ação do povo batizado, a Igreja coloca nas mãos de Cristo os frutos da criação e do trabalho humano. É esse o exercício sacerdotal dos fiéis, a beleza da participação ativa, consciente e plena. Essas ofertas são sinais dos dons que queremos agradecer, servem como oferta da nossa vida. As nossas ofertas colocadas nas mãos do presidente da celebração, sacramentos de Cristo (SC 7), tornam-se a vida e a presença do Ressuscitado (Driscoll, 2006, p. 58-60).

O significado do pão e do vinho vai bem além e devemos deixar o edifício da igreja, o espaço sagrado para bem compreendê-lo. A força simbólica dos elementos nos permite apreciar a beleza da criação. É oportuno procurar pela raiz literal, terrena dessas ofertas: a semente plantada no campo, o brotar nas estações, o cuidado pelas mãos dos agricultores, a maturação e a colheita. O trigo, depois de plantado e regado, vem esmagado, amassado e formado, levado ao forno para se tornar pão. Semelhante é o percurso do vinho. Os verdes parreirais são cultivados, regados, e recolhidas as uvas maduras para o consumo. É necessária a habilidade do agricultor para colher as uvas adequadas para que o vinho chegue à sua maturidade. Elas são amassadas, processadas, fermentadas e decantadas para se tornarem vinho. Muitas pessoas foram envolvidas, as estações foram observadas e os anos se passaram para que pão e vinho pudessem servir de oferta à mesa do Senhor, tornando-se "pão da vida" e "vinho da salvação". Pela dignidade do trabalho e pela força dos braços é formada a matéria viva que será transformada na viva presença de Cristo no meio de nós.

O pão é algo tão comum em nossas vidas que raramente pensamos de onde ele provém. O processo biológico é espetacular. Uma minúscula semente é capaz de transformar-se em uma planta plenamente desenvolvida, sustentando numerosas outras sementes, em condições de se reproduzir e de se transformar em pão. O pão é fruto da terra e do trabalho humano. É produto humano feito para o consumo humano. Esse trabalho reverbera de uma estância para outra. Produzir um simples item chamado pão requer o trabalho de uma infinidade de mãos. Em um sentido real, portanto, o que carregamos em procissão para a mesa do altar não é apenas a realidade física do pão. Ao contrário, o pão é símbolo de todo o nosso trabalho, nossos relacionamentos, nossas vidas, de nós mesmos, de nosso mundo. Transformar-se em "pão da vida" é o cume de um longo processo, no qual o pão é transformado, e em um processo derradeiro adota um significado espiritual e religioso.

O vinho é fruto da videira e do trabalho humano. Como o pão, o trabalho na vinha envolve muitas pessoas – aquelas que cultivam e podam as videiras; aquelas que colhem as uvas; aquelas que transportam as uvas para as vinhateiras; aquelas que moem as uvas para tirar suco, adicionam levedura para iniciar a fermentação; aquelas que engarrafam e transportam o vinho. É o trabalho de muitas mãos. Tudo isso é trazido para a mesa do altar, apresentado e reservado para ser oferecido como um dom. Por meio do trabalho humano, esse dom de Deus e da mãe terra foi transformado e recebe um significado novo. O vinho fala de amizade, festa e alegria. O vinho que trazemos à mesa do altar, agora, será transformado novamente e receberá um nível de simbolismo adicional: não somente bebida que mata a sede, mas bebida espiritual de salvação. O vinho é transformado no sacramento da própria doação de Cristo, o sangue derramado para a nossa salvação (Ostdiek, 2018, p. 74-82).

Pão e vinho, duas realidades criadas, alimento da nossa vida cotidiana, em que se encontra o dom de Deus e as fadigas humanas, símbolos de nós mesmos, depostos sobre o altar, estão no centro da celebração eucarística para que se tornem dons santos, santificados, eucaristizados, isto é, objetos de ação de graças, Corpo e Sangue de Cristo. Eles indicam o banquete humano (comer e beber) e o banquete eucarístico, de louvor e ação de graças, nutrem a nossa existência de criaturas humanas e de fiéis em Cristo. Por isso, podemos dizer que pão e vinho são frutos da criação e da história, da natureza e do trabalho humano. O trabalho nos aparece assim como uma mediação ativa entre o ser humano e a natureza. É importante notar que os símbolos fundamentais da Liturgia Eucarística não são símbolos apenas naturais, como a água do Batismo. São produtos da cooperação entre o Criador e o ser humano, a inteligência da natureza e a sabedoria do homem, sendo motivo de louvor, reconhecimento e gratidão.

> Bendito sejas, Senhor, Deus do universo,
> pelo pão que recebemos de vossa bondade,
> fruto da terra e do trabalho humano,
> que agora vos APRESENTAMOS,
> e para nós se vai tornar o PÃO DA VIDA.

> Bendito sejas, Senhor, Deus do universo,
> pelo vinho que recebemos de vossa bondade,
> fruto da videira e do trabalho humano,

que agora vos APRESENTAMOS,
e que para nós se vai tornar VINHO DA SALVAÇÃO.

Ainda dentro desse contexto ritual, encontramos três potentes gestos: a água misturada no vinho, a incensação e a purificação das mãos do ministro. São ações muito antigas e, quando compreendemos seu significado, podem exprimir muito, sobretudo ao fazer resplandecer a dimensão humano-transcendente do mistério celebrado.

As palavras que são ditas quando a água é misturada ao vinho definem muito bem a ação: "Pelo mistério desta água e deste vinho possamos participar da divindade do vosso Filho que se dignou assumir nossa humanidade" (MR, p. 446). Dos dois elementos, vinho e água, o vinho é mais precioso e representa a divindade. A água derramada no vinho representa a nossa humanidade, que será completamente unida à vida divina de Cristo. "Não podemos jamais oferecer o vinho sem água, pois significaria oferecer Cristo sem seu povo" (São Cipriano).

É um pequeno gesto, um a mais, mas é feito há muitos anos e é um mistério que nos toca. No pão e no vinho (misturado com água), que a Igreja apresenta para serem consagrados, tocados pela força do Espírito Santo que consagra os dons, o Senhor torna-se presente *substantialiter*, sob as espécies do pão e do vinho, como corpo entregue e como sangue derramado.

A relação entre as ofertas que o povo apresenta e sua vida (corpo) manifesta-se de modo particular em um momento claro da liturgia: a incensação. O ato de incensar manifesta visivelmente o vínculo "ofertorial" que une todas essas realidades ao sacrifício de Cristo (IGMR 75). As ofertas, a cruz e o altar são incensados por primeiro. É a unidade do aspecto sagrado que envolve a Paixão do Senhor. Em seguida, o presidente da celebração e toda a assembleia. Há uma unidade entre os dons apresentados sobre o altar e aqueles que os apresentam no altar. A incensação unifica dons, altar, presidente da celebração, povo, expressando o que há de comum entre eles na simbólica religiosa que lhes é própria (Taborda, 2015, p. 146). Toda a Igreja torna-se uma oferta doce e perfumada que sobe a Deus. O edifício e a assembleia se tornam lugar santificado e misterioso.

Ao lado do altar, as mãos daquele que preside são lavadas, antes de apresentar a grande oração de ação de graças a Deus. A lavagem das mãos, como memória histórica da purificação das intenções e da consciência, é um potente dispositivo corpóreo, que manifesta não somente a fragilidade do ministro, mas a potência da comunhão: *"Lavai-me, Senhor, de minhas faltas e purificai-me do meu pecado"* (MR, p. 447). A partir desse momento, as mãos do presbítero assumem uma finalidade específica, Cristo fará delas as suas próprias mãos porque existe somente um sacerdote, e as mãos que pegam essa oferta, a transformam e a oferecem ao Pai são as mãos do próprio Cristo.

Terminada toda essa sequência ritual, o presidente da celebração convida a assembleia para a oração. A terceira edição típica do Missal Romano, apresenta quatro opções:

- Orai, irmãos e irmãs, para que o meu e o vosso sacrifício seja aceito por Deus Pai todo-poderoso;

- Orai, irmãos e irmãs, para que esta nossa família, reunida em nome de Cristo, possa oferecer um sacrifício que seja aceito por Deus Pai todo-poderoso.

- Orai, irmãos e irmãs, para que trazendo ao altar as alegrias e fadigas de cada dia, nos disponhamos a oferecer um sacrifício aceito por Deus Pai todo-poderoso.

- Orai, irmãos e irmãs, para que o sacrifício da Igreja, nesta pausa restauradora na caminhada rumo ao céu, seja aceito por Deus Pai todo-poderoso.

As quatro opções de convite à oração do povo sintetizam todo o sentido teológico e litúrgico da apresentação ou da preparação das oferendas. O convite à oração encontra na resposta do povo um diálogo orante que manifesta com mais força que a oferta não é a oferta do padre, mas a oferta de toda a assembleia. Na consciência desse diálogo orante manifesta-se a beleza da participação ativa e a força do sacerdócio comum. É da autoridade sacerdotal e da condição de sujeito celebrante do povo de Deus que nasce a necessidade expressiva dessa oração.

Em muitos lugares, é comum que o povo não perceba esse momento como um diálogo e, de forma equivocada e costumeira, responda: "Receba, ó Senhor, por tuas mãos este sacrifício", em vez de dizer: "Receba o Senhor por tuas mãos este sacrifício". Parece algo irrelevante na hora da celebração, mas não o é. A forma da nossa resposta muda tudo e revela a nossa consciente participação. As ofertas não estão destinadas diretamente às mãos do Senhor, mas pelas mãos do presidente da celebração, mediador da ação ritual-simbólica. É um diálogo com o padre feito em forma de oração e desejo: "tuas mãos" e não "suas mãos".

> Receba O SENHOR por TUAS MÃOS este sacrifício,
> para glória do seu nome,
> para o nosso bem
> e de toda a santa Igreja.

Após esse diálogo orante, o momento se conclui com a oração sobre as oferendas. A oração sobre as oferendas é o único rito presente na antiga liturgia romana. Sob o nome de *Super oblata*, dado pelo Sacramentário Gregoriano, ela constitui-se na conclusão do rito de apresentação dos dons (Martimort, 1989, p. 89).

Essa oração faz referência aos dons do pão e do vinho apresentados no altar e realça a relação entre as oferendas, a oração eucarística e a comunhão (IGMR 77). Põe em destaque a oferta do povo sacerdotal que, unido ao sacrifício de Cristo, oferece e se oferece (Carvalho, 2014, p. 50). Nela, o presidente da celebração pede a Deus que aceite os dons que a Igreja lhe oferece, invocando o fruto do admirável intercâmbio entre a nossa pobreza e a sua riqueza. No pão e no vinho, apresentamos-lhe a oblação da nossa vida, a fim de que seja transformada pelo Espírito Santo no sacrifício de Cristo (Francisco, 2018, p. 57).

## Corações ao alto

Quando se conclui o rito de apresentação dos dons do povo de Deus, tem início a oração eucarística, que qualifica a celebração da missa e constitui um momento importante da Liturgia Eucarística, um momento que nos leva e nos coloca na direção da comunhão com Cristo e com toda a Igreja. O significado da OE pode ser resumido em duas frases: "proclamação das maravilhas de Deus" e "oblação do sacrifício" (IGMR 78).

Por muitos séculos essa parte da missa foi pensada como "oração consecratória", sendo identificada somente pelas palavras que aconteciam depois do *Sanctus* até a doxologia. Era chamada "benção", "ação de graças", "santificação", "consagração", "*oratio*", "*prex*" ou "cânon romano". Interpretada como expressão da oração sacerdotal de consagração, foi submetida a reinterpretações apenas no que se refere a sacrifício e oblação (*oratio oblationis*). Inclusive, pensava-se a missa dividida em duas partes: a parte didática, até o Credo, e a parte sacrificial, a partir da oração dos fiéis e do "ofertório" (Grillo; Conti, 2021, p. 112). Os gregos usam a palavra *anaphorá*, que pode ser traduzida por elevação, elevar, oferecer. No Sacramentário Gelasiano, encontra-se a expressão *canon actionis*, que será abreviada por cânon: regra ou norma. Na tradição litúrgica romana, foi se impondo o termo latino – *prex*, visto que essa parte da liturgia se configura como um verdadeiro elemento de prece de ação de graças, daí o termo comumente aceito "prece eucarística", ou ainda, "oração eucarística", prece solene, também presente nos outros sacramentos.

A OE prevê, por parte do presidente, uma maior possibilidade de variação, adaptação e opção, de acordo com o tempo ou ocasião celebrativa. Após o Concílio Vaticano II, os numerosos textos criados é uma das novidades mais importantes da reforma litúrgica. Alguns desses textos não são totalmente novos, mas foram resgatados de outros tempos e da análise dos textos antigos, repropostos para consentir uma nova experiência eclesial. Nos textos das OEs encontramos uma riqueza celebrativa e anafórica surpreendente (Grillo, 2019, p. 120). Esses textos expressam o conteúdo da fé de toda a Igreja, pois eles contêm o mistério da fé, todo o mistério da fé, e garantem a pureza da doutrina (Beckhauser, 2012, p. 110).

No Brasil, temos 14 orações eucarísticas, a saber: Oração Eucarística I (cânon romano), Oração Eucarística II, Oração Eucarística III, Oração Eucarística IV, Oração Eucarística V, Orações Eucarísticas sobre a reconciliação I e II; Orações Eucarísticas para diversas circunstâncias I, II, III, IV; Oração Eucarística para missas com crianças I, II, III.

A OE é uma escola de Teologia, pois ela nos diz que Deus é conhecido por meio da história, em uma experiência orante e narrativa. Com isso, através da OE descobrimos que Deus não é uma realidade para conhecer antes de tudo e somente racionalmente, mas para encontrar na oração, no diálogo e na relação. Um exemplo muito claro desse aspecto podemos encontrar na OE IV. Portanto, nas OEs, a narração das obras de Deus para a salvação é relida e interpretada na epiclese e na narrativa institucional à luz da Páscoa de Jesus. É esse mistério que transforma a vida do fiel, a fim de não mais viver para si, mas para Ele, que por nós morreu e ressuscitou (Ferrari, 2022, p. 122-125).

A motivação central da nossa ação de graças é sempre a Páscoa de Jesus, nossa Páscoa. Toda a OE é uma ação de graças ao Pai e uma exultação pela obra da redenção realizada por Cristo. Um proclamar de forma grata e alegre por tudo o que foi realizado na história da salvação: "ação de graças (expressa principalmente no prefácio) em que o sacerdote, em nome de todo o povo santo, glorifica a Deus Pai e lhe rende graças por toda a obra da salvação ou por um dos seus aspectos, de acordo com o dia, a festa ou o tempo" (IGMR 79).

> Celebrando agora, ó Pai, o memorial da Paixão redentora do vosso Filho, da sua gloriosa ressurreição e da sua ascensão ao céu; e enquanto esperamos a sua nova vinda, nós vos oferecemos em ação de graças este sacrifício vivo e santo (OE III).

A OE é uma narração com palavras e gestos, atitudes interiores e exteriores. Sem essa oração, a missa não teria sentido. É por meio dela que se cumpre o mandato da Última Ceia do fazer memória. Essa é a novidade absoluta daquela ceia, a única verdadeira novidade da história, que torna aquela ceia única e, por isso, "última", irrepetível. A Última Ceia é a origem, o momento fundante, o ponto de partida de toda a celebração eucarística. O desejo de restabelecer a comunhão conosco, que era e continua a ser o projeto originário, só poderá ser saciado quando todos os homens, "de todas as tribos, línguas, povos e nações" (Ap 5,9), comerem o seu corpo e beberem o seu sangue: por isso aquela mesma ceia se tornará presente, até o seu regresso, na celebração da Eucaristia (DD 4).

A nossa participação na oração da Igreja nos transporta a esse evento fundador. Pelo rito instituído na Última Ceia e pela fé somos transportados, com nossos "pés teológicos", ao calvário e ao túmulo vazio do Ressuscitado. A "atualização" significa exatamente isto: quando celebramos a Eucaristia, fazemos comunhão com o verdadeiro cordeiro Pascal, Jesus Cristo (Taborda, 2015, p. 88).

O diálogo orante e gestual com o presidente da celebração, as aclamações intercaladas e o grande amém que ratifica tudo o que foi proclamado são formas verbais significativas de participação dos fiéis. Os fiéis e os presbíteros devem habituar-se a considerar a OE não como um campo de ossos áridos (Ez 37), mas como uma unidade literária densa de tensão teológica, que se desenvolve entre o diálogo invitatório e o "amém" final. Para que isso aconteça de forma celebrativa e sem interrupções, o presidente da celebração deve escolher a OE e avisar os concelebrantes ao menos antes de iniciar o diálogo invitatório. Após o canto do Santo, a OE não pode ser interrompida para esses acréscimos ou para outras sinalizações. Além do mais, na escolha da OE não é preciso deixar-se guiar pelo costumeiro critério da pressa e da preguiça. Deve-se declarar guerra à corrida sistemática à Oração Eucarística II, geralmente escolhida não porque é a mais bonita, mas porque é a mais breve (Giraudo, 2014, p. 548).

Um outro aspecto central que encontramos nas OEs do Missal Romano e na tradição litúrgica de modo geral é, certamente, o rosto da Igreja. É a assembleia litúrgica, sacramento da Igreja universal, que reza a oração. Todo o texto tem como sujeito o "nós" da própria assembleia. Nesse sentido, a Igreja inteira é vista como comunidade celebrante. Quando dizemos assembleia não significa dizer leigos em oposição ao clero dado que também o presidente da celebração é membro da assembleia, povo de Deus. Então, da experiência orante da assembleia litúrgica, emerge um rosto de Igreja na qual existem diversidade de carismas e de ministérios, não estranhos e mudos espectadores. É participando na celebração que a Igreja aprende a conhecer a si mesma, a sua genuína natureza (Ferrari, 2022, p. 126-127).

Os testemunhos bíblicos, patrísticos e litúrgicos atestam que não existe outro modo de compreender a Eucaristia celebrada pela Igreja senão indo até a narrativa da sua instituição. É à Ceia do Senhor, à narrativa da Última Ceia, que se deve retornar para verificar o sentido e a autenticidade da celebração da Eucaristia pela Igreja (Mazza, 1996, p. 78). A Ceia do Senhor é o fundamento teológico e ritual da verdade que a Igreja cumpre (Ferrari, 2022, p. 39).

O Novo Testamento nos oferece uma complexa leitura da experiência eucarística. Podemos sublinhar alguns textos que nos oferecem, em forma explícita, mas não imediata, a narrativa da instituição. As palavras mais antigas são de Paulo ("Ceia do Senhor" – 1Cor 11,20-26) e de Lucas ("fração do pão" – Lc 24,35; At 2,42). É a comunhão, ao mesmo tempo, com o Senhor e na Igreja.

As referências principais estão nas narrativas presentes no texto de Marcos (14,22-26), Mateus (26,26-30) e Lucas (22,14-20). Entretanto, se a Última Ceia é um ponto-chave para a doutrina eucarística, ela deve ser colocada no vasto horizonte das "refeições" realizadas por/com Jesus. As refeições com Jesus Ressuscitado e as narrações das multiplicações dos pães (Mt 14,13-21; Mc 6,30-44; Lc 9,12-17; Jo 6,1-14) também servem de referência.

O evangelista João não transmite, na narração da Última Ceia, nenhuma referência à instituição da Eucaristia, mas insere o episódio do lava-pés (Jo 13,1-14). Evidentemente, todos os textos tratam de tradições diversas, e a crítica exegética procurou sublinhar suas diferenças e seus pontos em comum, dando relevância não somente às palavras, mas também aos gestos de Jesus. Tudo isso é importante para entender que a natureza e a verdade da ceia eucarística não é um pensamento, um conceito, uma ideia ou uma doutrina, mas uma ação. Fazer a mesma coisa que Cristo fez é a lógica de fundo para compreender a relação entre ceia e Eucaristia (Grillo, 2019, p. 119).

As ações e as palavras de Jesus na Última Ceia, os encontros com o Ressuscitado, conduzem a comunidade dos apóstolos a perseverar na Eucaristia e na oração (At 2,42). Sob esta luz, o gesto de Jesus, de partir o pão e instituir a Eucaristia na Última Ceia, é a suprema ação simbólica e profética da História da Salvação. Ao instituir a Eucaristia, Jesus anuncia profeticamente e antecipa sacramentalmente o que vai acontecer pouco depois – a sua morte e ressurreição –, introduzindo o futuro na história. O acontecimento que institui a Eucaristia é, pois, a morte e ressurreição de Cristo, o seu dar a vida para depois retomá-la.

Graças à Eucaristia nós nos tornamos, por força do mistério, contemporâneos ao evento salvífico (Cantalamessa, 2006, p. 12). A Última Ceia de Jesus com os discípulos na noite da traição é o acontecimento mais impressionante da história, porque é o único caso em que alguém, em suprema liberdade, interpreta simbolicamente o sentido da sua vida e da sua morte.

Por essa razão, quando celebramos a Eucaristia, não podemos nos limitar a dizer as palavras da consagração recebidas do Senhor, nem somente a fazer com que outros escutem ou vejam os gestos em um outro espaço, mas atualizamos a inteira ação que Jesus realizou na Última Ceia – dar graças, tomar, partir, dar e comer – como coroamento de sua profecia, em vista de sua morte e ressurreição. Se um desses gestos faltar, desvirtua-se a plena participação nesse mesmo sacrifício. Somente a audição das palavras e a visão dos gestos, por melhores que sejam, não são capazes de dar relevância e plenitude ao sacramento: "o rito eucarístico não consiste no dizer 'isto é' – de fato, esta é a explicação do rito, não o rito –, mas consiste no fazer memória-imitação de toda a sequência de ações [...]. É o 'fazei isto' que permite dizer 'isto é', não vice-versa" (Grillo, 2019, p. 327). Somente tomando consciência desse aspecto é possível aprofundar o conteúdo teológico dos textos litúrgicos e participar ativamente da celebração, elevando os corações ao Senhor.

Em relação à Liturgia da Palavra, a OE ainda não alcançou o seu valor, sobretudo, vendo os modos que muitos ministros ordenados rezam. Tantas vezes, acontece de modo apressado e pouco valorizada no seu inteiro aspecto ritual, focando-se apenas em um momento específico da "narrativa da instituição", desvalorizando a sua real função dentro da celebração. Assim, a OE é negligenciada do ponto de vista celebrativo e espiritual. Há tanta distração, clericalização, teatralidade e exteriorização, mera representação.

Na dinâmica teológica, pastoral e espiritual, a OE é ainda um aspecto da celebração eucarística que espera ser valorizado e compreendido na sua profundidade. Não houve distanciamento da situação pré-conciliar, na qual a importância era dada unicamente às "palavras da consagração" (Ferrari, 2022, p. 19). É essa, portanto, uma das tarefas que está diante de nós para sermos fiéis aos desejos conciliares e nos educarmos a partir da Eucaristia. O maior de todos os desafios é restituir à OE um caráter de oração de toda a assembleia para valorizar não somente o "ato de consagração". De acordo com a Tradição, essa oração é a mais elevada experiência orante da Igreja. Enquanto não soubermos valorizar a OE na sua totalidade integrativa, a reforma litúrgica ficará apenas no desejo e não na realidade.

*A composição da oração eucarística*

Recordando que a Ceia do Senhor é a referência principal e indispensável para a compreensão da Eucaristia da Igreja, em particular da oração eucarística, centro da memória da Última Ceia de Jesus com seus discípulos, precisamos considerar alguns elementos que complementam o seu conteúdo teológico e ritual.

O número 79 da IGMR elenca oito "principais elementos que compõem a oração eucarística": ação de graças, aclamação, epiclese, narrativa da instituição, anamnese, oblação, intenções e doxologia final. Para cada um desses elementos, encontramos na IGMR uma descrição breve e essencial. Aqui não vamos repetir essas descrições, mas queremos elencar algumas palavras-chave que encontramos na OE. Por sua própria organização, pode-se perceber a centralidade da Páscoa na oração eucarística, pois é a aclamação anamnética, ou seja, a aclamação que faz a memória da Páscoa que é o fundamento dessa ação de graças. A participação sacramental na Páscoa nos faz viver em Páscoa.

Diálogo invitatório

1. Prefácio

    2. Santo (pós-santo)

        3. Epiclese sobre os dons

            4. Relato institucional

                5. Aclamação anamnética – é central na prece e na Eucaristia mesmo

            6. Anamnese – oblação

        7. Epiclese sobre os comungantes

    8. Intercessões

9. Doxologia

Amém

A OE é precedida, em toda a Tradição, por um diálogo, inspirado em costumes judaicos, entre o presidente e a assembleia e é concluída com um "grande" amém. A oração é proclamada pelo sacerdote em voz alta e pertence a toda a assembleia, que intervém frequentemente com algumas aclamações. O próprio diálogo inicial demostra que toda a oração é comum e todos estão unidos na ação de graças quando são convidados a elevar os corações ao alto (Cl 3,1-3). No diálogo invitatório, cuja função é estabelecer a relação cultual entre a Igreja reunida e Deus Pai, todo o discurso oracional da OE se dirige aos ouvidos de Deus que escuta. O celebrante, "língua comum da Igreja, não poderá interromper para falar aos outros nem para trazer qualquer tipo de formação ou informação" (Giraudo, 2014, p. 548).

O coração, sede interior de todas as nossas faculdades e sentimentos, se eleva a Deus nessa oração, na íntima relação com Cristo, único sacerdote, contemplando o seu mistério e a sua manifestação misericordiosa, quase esquecendo as realidades terrenas. O convite para que os corações sejam elevados serve para nos tirar da ansiedade, das distrações e das preocupações cotidianas. Assim, toda a OE mantém-se nesse nível de contemplação, ação de graças, aclamação, oferta, súplica e louvor.

Com a assembleia toda atenta e voltada para o altar, o presidente da celebração tece uma grande consideração inicial sobre o motivo da nossa celebração. O prefácio da OE é a ocasião sublime para entender qual a teologia do mistério que envolve tudo o que estamos fazendo. Nele se conserva uma variabilidade constitutiva e a característica essencial da OE, ou seja, o louvor e a ação de graças a Deus pelos grandes eventos da História da Salvação, que mediados por Cristo tornam-se o canto dos anjos e de toda a Igreja. "Na verdade, é justo e necessário, é nosso dever e salvação, dar-vos graças, sempre e em todo o lugar, Senhor, Pai Santo, Deus eterno e todo-poderoso, por Cristo, Senhor nosso."

Após o "protocolo" inicial, no corpo central do prefácio ("embolismo"), há uma apresentação sintética do mistério celebrado no "hoje" da liturgia, por isso a variação de acordo com o tempo e a ocasião. Recordando o evento salvífico e "por essa razão" ("exocolo"), unimo-nos aos anjos e aos santos, para reconhecer mediante o canto a santidade de Deus. A quantidade de prefácios oscilava, segundo os tempos e lugares, em torno de dez. Hoje, com a última edição do Missal Romano (2002), temos mais de 100 prefácios diferentes[6]. Se toda a OE não será cantada, não convém que se cante apenas o prefácio, para não fortalecer a convicção errônea de que ele não faz parte da oração eucarística.

---

6. A incompreensão de que a OE apresenta uma unidade toda inteira com o prefácio faz com que se tome prefácios que não são próprios das OEs, em particular na IV. Substituir o prefácio da maioria das OEs é quebrar a profunda unidade teológica e descaracterizar a motivação do louvor e da memória. Apenas o prefácio da OE II pode ser substituído, sempre com muito cuidado. Em prefácios próprios, convém utilizar a OE III ou o próprio Cânon Romano. Nas missas concelebradas, quando há necessidade de que os presbíteros concelebrantes se aproximem do altar, é preciso saber que a OE começa com o diálogo inicial e não a partir do *Sanctus*. Herdeiros do Cânon Romano, há outra prática equivocada muito comum de anunciar, após o *Sanctus*, a oração eucarística que será usada. O problema é grave porque não somente quebra a unidade da Oração, mas, sobretudo, interrompe o diálogo iniciado com Deus no prefácio. A dificuldade é resultado não apenas da incompreensão da liturgia, mas da própria compreensão do significado de estar voltado para Deus durante a oração (Taborda, 2015, p. 97-98).

É ainda preciso descobrir o valor desta parte da celebração eucarística, muito pouco valorizada do ponto de vista teológico, espiritual e ritual. Descobrir o prefácio significa tomar consciência do tipo de participação que requer a celebração. Não se trata de uma simples introdução à consagração, mas de um momento que já tem "valor consecratório". Não é uma ação delegada pela assembleia para quem preside, mas uma participação na ação de graças, como uma autêntica atitude de oração, não como estranhos e mudos expectadores. A escolha do prefácio não deve ser feita de modo superficial, mas com grande atenção ao mistério celebrado e à Liturgia da Palavra (Ferrari, 2022, p.64).

Depois de ter escutado as maravilhas que Deus faz na História da Salvação, passa-se para a contemplação da santidade de Deus. Todos se associam, presbítero e povo, à liturgia celeste e cantam a uma só voz. O texto do Santo se encontra no Livro de Isaías (6,3), no Salmo 118,26 e no Livro do Apocalipse (4,8) com referência ao Cristo que vem (Mt 21,9; Mc 11,9-10; Lc 19,38). Estava presente na liturgia judaica, a partir do século IV na liturgia oriental e, sob esta influência, na liturgia romana. Tratando-se de um hino importante, deveria ser sempre cantado.

Não é apenas um caminho histórico, mas teológico: a liturgia terrena se completa na liturgia celeste (SC 8). Reconhecer que Deus é três vezes santo serve para acentuar a santidade dele e motivar que é por essa santidade que acontece a graça que vamos logo pedir. O canto pertence a toda a assembleia e não apenas ao coro. Após o canto do Santo, antecipação da doxologia final, tudo se pode recomeçar e o louvor pelo agir do Pai, mediante o Filho, no Espírito Santo, se concretiza sacramentalmente na memória da Última Ceia, lugar exemplar e definitivo do cuidado de Deus pelo homem e da resposta que o homem dá a Deus (Grillo; Conti, 2021, p. 120).

## Manda o teu Espírito

A missa é evento, manifestação e dom do Espírito. A tradição latina e ocidental, a partir do século IX, concentrou-se mais na dimensão cristológica e teológica da Eucaristia, deixando em segundo plano a ação do Espírito

Santo (em grego, *epìclesi*)[7]. Por exemplo, o *Canon Romanus*, formulário mais comumente utilizado nas celebrações eucarísticas durante séculos, não apresenta uma epiclese explícita.

Dessa maneira, um dos elementos novos da reforma conciliar da missa é a invocação do Espírito Santo. Nas diversas orações eucarísticas, elaboradas e aprovadas pela Sé Romana e integradas ao Missal Romano de 1969, as epicleses aparecem com mais clareza. O Espírito Santo, que na Páscoa irrompe no sepulcro e toca o corpo inanimado de Jesus fazendo-o reviver, na Eucaristia repete o mesmo prodígio. O Espírito Santo vem sobre o pão e o vinho e lhes dá vida (Jo 6,63), faz com que se tornem o corpo e o sangue do Redentor.

Todas as novas orações explicitam o que no cânon não era ausente, mas implícito nos verbos "santificar" e "participar". Na epiclese, o Pai é suplicado para que envie o Espírito Santo e para que, de tal modo, a Eucaristia seja frutuosa para todos aqueles que dela participa, ou seja, a assembleia que come o pão santo e bebe o cálice da salvação (Mazza, 1996, p. 277). A epiclese ocorre duas vezes em algumas orações, antes e depois da narrativa da instituição.

Na primeira diz assim: "Santificai, pois, estas dons, derramando sobre eles o vosso Espírito, a fim de que se tornem para nós o Corpo e † o Sangue de nosso Senhor Jesus Cristo" (OE II); "Nós vos suplicamos: santificai pelo Espírito Santo as oferendas que vos apresentamos para serem consagradas, a fim de que se tornem o Corpo † e o Sangue de vosso Filho, nosso Senhor Jesus Cristo, que nos mandou celebrar estes mistérios" (OE III); "Ó Pai, vós que sempre quisestes ficar muito perto de nós, vivendo conosco no Cristo, falando conosco por Ele, mandai vosso Espírito Santo, a fim de que as nossas ofertas se mudem no Corpo † e no Sangue de nosso Senhor Jesus Cristo" (OE V).

A segunda, depois da narrativa da instituição, diz: "suplicantes, vos pedimos que, participando do Corpo e Sangue de Cristo, sejamos reunidos

---

7. As liturgias orientais sempre atribuíram ao Espírito Santo, à sua ação, a realização da presença real de Cristo no altar e viam, como se sabe, na epiclese e não na consagração o momento preciso em que Cristo começa a estar presente (Cantalamessa, 2006, p. 113).

pelo Espírito Santo num só corpo" (OE II); "Olhai com bondade a oblação da vossa Igreja, reconhecei nela o sacrifício que nos reconciliou convosco; concedei que, alimentando-nos com o Corpo e o Sangue do vosso Filho, repletos do Espírito Santo, nos tornemos em Cristo um só corpo e um só espírito" (OE III); "E quando recebermos pão e vinho, o Corpo e Sangue dele oferecidos, o Espírito nos una num só corpo, para sermos um só povo em seu amor" (OE V).

A primeira epiclese é acompanhada por um gesto simples e potente. As mãos do ministro ordenado são estendidas sobre o pão e o vinho. É o gesto que torna visível a ação invisível do Espírito Santo. A ação do Espírito nesse momento da liturgia é exatamente paralela à obra do Espírito Santo na Encarnação de Cristo e durante a sua vida. É o Espírito Santo que faz com que os fatos da vida de Jesus e o acontecimento da cruz não terminem como qualquer outro fato da história, mas continuem sendo atuais.

A ceia e o calvário se unem e se tornam presentes pela ação do Espírito Santo. É no Espírito que se realiza a Liturgia Eucarística e qualquer outro sacramento. É no Espírito que se constrói o corpo de Cristo, a Igreja. Nessa perspectiva, a epiclese, longe de ser um elemento parcial e marginal da OE, lhe confere o seu tom. Ela está compreendida entre o louvor que se desenrola na oração inicial ("Na verdade, é justo e necessário, é nosso dever e salvação dar-vos graças") e a doxologia final ("Por Cristo, com Cristo e em Cristo") e se inscreve na celebração de comunhão com Deus (Lafont, 2021, p. 95).

Toda a OE é invocativa e epiclética: reconhece-se a santidade de Deus, invoca-se o seu nome, a sua presença e sua potência, a sua força santifica-dora. A santificação é atribuída ao Espírito Santo, assim, pede-se ao Pai para enviar o Espírito para santificar e transformar os dons do pão e do vinho no Corpo e Sangue de Cristo, e depois santificar os comungantes em um só corpo e em um só espírito. O celebrante principal deve proclamar com solenidade desafetada a epiclese para a transformação das oblatas.

A epiclese atua sobre realidades muito concretas: pão e vinho, assembleia. Nela se suplica ao Pai que envie o Espírito Santo e que, de tal modo, a Eucaristia seja frutuosa para todos aqueles que dela participam, ou seja, a assembleia que come o pão santo e bebe o cálice da salvação (Mazza, 1996, p. 277).

O corpo eucarístico de Cristo e o seu corpo eclesial não se realizam sem a intervenção do Espírito Santo. A invocação do Espírito, direcionada ao Pai por meio de Jesus Cristo, mostra a atitude orante da Igreja que não dispõe de poderes próprios: tudo o que a Igreja distribui é dom de Deus. O Espírito é o máximo dos dons e o princípio de todos os dons. Dessa forma, essa dupla epiclese acolhe no seu interior o relato institucional com a anamnese. A finalidade da Eucaristia é transformar-nos a nós no corpo eclesial de Cristo por meio da comunhão no corpo sacramental. O Senhor torna-se corporalmente presente na forma sacramental para que a Igreja possa tornar-se o seu corpo (Driscoll, 2006, p. 87).

As duas transformações, a do pão e do vinho no Corpo e Sangue de Cristo e a assembleia litúrgica no corpo eclesial, estão, pois, intimamente relacionadas (Taborda, 2015, p. 103). Nesse sentido, não se trata de duas invocações separadas ou separáveis. A transformação dos dons não tem o seu fim em si mesma, mas sim em vista da transformação da assembleia. Não é possível, portanto, interpretar corretamente a primeira epiclese, aquela sobre os dons, sem partir daquela sobre a assembleia, que, do ponto de vista histórico-litúrgico é mais antiga (Ferrari, 2022, p. 69).

A existência cristã torna-se continuação do ato sacramental, oferta viva realizada mediante a ação do Espírito Santo: "Olhai, com bondade, o sacrifício que destes à vossa Igreja e concedei aos que vamos participar do mesmo pão e do mesmo cálice que, reunidos pelo Espírito Santo num só corpo, nos tornemos em Cristo um sacrifício vivo para o louvor da vossa glória" (OE IV). A celebração diz respeito à realidade do nosso ser dóceis à ação do Espírito que nela opera, até que Cristo seja formado em nós (Gl 4,19).

*Fazei isto em memória de mim*

Instituindo a Eucaristia, Jesus consagrou esta palavra, dizendo: Fazei isto em memória de mim (Lc 22,19). Os Padres da Igreja, especialmente os gregos, elaboraram uma rica espiritualidade eucarística a partir dessas palavras de Jesus, que sempre se repetem na liturgia. Para eles, o fruto espiritual da Eucaristia acontece por meio da contínua memória de Jesus. Não teríamos tido outra possibilidade de um verdadeiro encontro com Ele a não ser a daquela comunidade que celebra. Por isso a Igreja sempre guardou como o seu tesouro mais precioso o mandato do Senhor: "Fazei isto em memória de mim" (DD 8).

O momento da Eucaristia que concentra a maior atenção de toda a assembleia é comumente conhecido como "consagração" ou "narrativa da instituição". As duas expressões encontram-se na IGMR. Consagração é um termo usado para indicar que o pão e o vinho, mediante a invocação do Espírito Santo e as palavras ditas pelo Senhor na Última Ceia, tornam-se o corpo e o sangue de Cristo. É um momento de grande importância, mas que não deve ser isolado dessa grande oração de ação de graças e da comunhão. Sendo assim, convém utilizar, também, a segunda expressão: narrativa da instituição, considerando na forma externa, como rito e como palavra, o que se diz e o que se faz. Então, com a expressão "narrativa da instituição", a tradição eclesial sobre a missa recuperou a eficácia da memória que faz com que a presença do Senhor continue sacramentalmente na vida da Igreja, sem reduzi-la somente à repetição estilizada de uma "fórmula" dita sobre a matéria por um ministro.

Como no Antigo Testamento havia uma Páscoa-rito que celebrava e renovava a Páscoa-fato, também no Novo Testamento temos uma Páscoa-rito, que evoca, celebra e torna presente a Páscoa-fato, a Páscoa de Jesus Cristo e da Igreja que faz parte do Corpo de Cristo. Assim, vemos nas palavras de Jesus os elementos da Páscoa antiga: o símbolo pão-corpo dado dá-nos o elemento da Páscoa da libertação do Egito. No sinal vinho-sangue derramado manifesta-se o outro aspecto da Páscoa dos judeus: o sangue da aliança oferecido e aspergido no sacrifício do Sinai, pela qual o povo se tornou um reino de sacerdotes (Beckhauser, 2012, p. 91).

O isolamento do ato de consagração de toda a oração eucarística, como também do rito de comunhão, foi a consequência de uma interpretação unilateral da ação ritual e da participação do povo no mistério celebrado. A superação da ideia restritiva de consagração tem sua raiz profunda na renovação da compreensão da ação ritual e das diversas articulações do sujeito eclesial. A experiência eucarística é rica e cheia de articulações. Não servem apenas palavras sobre a matéria do pão e do vinho, mas ações e relações. Pão e vinho são relações porque são tomados, abençoados, partidos e distribuídos. O sujeito não é somente Cristo e o sacerdote que consagra, mas Cristo e a Igreja, que reza a liturgia com palavras e gestos (Grillo; Conti, 2021, p. 126-133).

Pela anamnese (memória), a Igreja não só é convidada a proferir as palavras de consagração, mas a realizar uma ceia; não uma ceia que visa saciar de modo imediato, mas uma ceia eucarística que inclui preparação, consagração e comunhão para realizar em plenitude o desejo de Jesus (Léon-Dufour, 2007, p. 124). A anamnese constitui o vértice da profissão de fé. A ação se desenvolve no altar e nenhum gesto deve distrair a atenção do altar. No ato memorial a assembleia, que percebeu – no seu recolhimento, na Palavra e no ministro – sinais da presença do Senhor, vê o sinal supremo: o pão e o vinho eucarísticos (CNPL, 2015, p. 69).

A Eucaristia, por ser memorial, é a epifania da eternidade no tempo. Por isso, não tem sentido a pergunta sobre o momento cronológico da consagração. Toda a OE é consecratória, em sua unidade e totalidade (Taborda, 2015, p. 83).

A narrativa da instituição é a explicação teológica e a razão suficiente da celebração em ato (Mazza, 1996, p. 273). A IGMR cria uma ligação muito estreita entre a narração da instituição e a *anamnese*. É obedecendo a ordem do Senhor que a Igreja faz memória do Mistério Pascal (IGMR 79). "Fazei isto" equivale, segundo o significado de expressão no contexto bíblico, a fazer uma ação ritual, realizar um sinal profético compreensível mediante as palavras pronunciadas, repetir os gestos realizados com o pão e o vinho. Ele tomou o pão, deu graças, o partiu, o deu, declarando ser o seu corpo ofertado na cruz; tomou o cálice com vinho, deu graças, o deu e declarou ser o sangue da nova aliança derramado na cruz.

Nesse gesto simbólico Jesus anunciava a sua morte para a salvação da humanidade e a nova vida, a nova aliança que nascia com a remissão dos pecados. Fazendo esse gesto, Ele anuncia e antecipa, no sinal do pão e do vinho, sua morte redentora, sua oferta de amor e sua existência doada para inaugurar uma nova aliança, a comunhão entre Deus e a humanidade. Repetindo a ação simbólica sobre o pão e o vinho, nós proclamamos e participamos do mesmo evento de salvação, o sacrifício perfeito, santo e agradável a Deus. Esse gesto e sinal profético é indicado como uma memória (Falsini, 2013, p. 154). O celebrante fará bem em pronunciar o relato institucional com o mesmo tom de voz da epiclese, sóbrio e solene, não fragmentado, claro e audível. Devemos recordar que a missa não é fisicamente nem o cenáculo nem o calvário, mas é o momento ritual que, mediante a retomada e a iteração do sinal profético dado na "véspera da sua Paixão", nos torna sacramentalmente presentes no único sacrifício (Giraudo, 2014, p. 550).

As palavras ditas na narrativa da instituição não têm a intenção de dizer novamente as palavras de Jesus, mas de refazer a ação simbólico-ritual. Todo o processo é simbólico desde o seu início: Jesus toma o pão, mas fala do seu corpo; toma o vinho, mas fala do seu sangue. Então, somos convidados a repetir o comportamento simbólico de Jesus, a refeição na Última Ceia, e a enxergar, nessa refeição, o que o símbolo indicava e o que ele iniciava: a morte e a ressurreição de Cristo como caminho para a perfeita aliança com Deus. A narrativa da instituição, assim, serve como fundamento da epiclese e da presentificação entre o que Jesus disse e fez. O fator principal é trazer o passado ao presente para dar sentido à nossa vida de hoje. O mandamento recebido de Cristo de repetir os seus próprios gestos indica o caráter de atualidade daquilo que fazemos (Lafont, 2021, p. 98-99).

A memória é uma ação, um fazer para recordar. É a categoria que une, de um modo ideal, a Eucaristia à Páscoa hebraica, que era também, como se sabe, um memorial (Ex 12,14). A memória eucarística tem uma dupla dimensão: teológica e antropológica.

No sentido teológico, consiste em fazer memória de Jesus ao Pai, em convidar o Pai a lembrar-se de tudo o que Jesus fez por nós, e por amor dele, perdoar-nos. Em particular, a OE IV é um fazer memória de Jesus ao Pai. Até mesmo as "palavras da consagração" têm caráter narrativo.

No sentido antropológico, consiste em lembrar Jesus, não mais o Pai, mas a nós mesmos, e em fazer que nós nos lembremos dele. A memória é uma das faculdades mais misteriosas e grandiosas do homem (Cantalamessa, 2006, p. 72-77).

O evento salvífico objetivamente realizado na história se torna eficaz e presente mediante a celebração memorial. A memória da obra maravilhosa de Deus surge, portanto, como resposta por parte do homem, "sacrifício de louvor": lembrando-se de sua graça, ao mesmo tempo se bendiz a Deus. Esses dois sentidos estão estreitamente unidos: na liturgia se faz memória das maravilhas de Deus e se realiza uma ação de graças a Deus.

A memória tão dinamicamente unida à oração de louvor e ação de graças não pode ser reduzida a uma lembrança psicológica, didática ou edificante para o povo, como uma simples memória subjetiva. Essa ambivalência revela dois sujeitos: Deus e o homem (a Igreja), que não se esquivam nem se opõem, mas interagem tornando visível, intersubjetiva e efetiva a Nova Aliança.

O memorial pode assim ser expresso em termos de relacionalidade e desenvolvimento da intersubjetividade. De um lado, Deus olha para o homem e se lembra de sua aliança e sua promessa, concretizando seus frutos; de outro, o homem, lembrando-se das maravilhas operadas por Deus, agradece-lhe, invoca os benefícios sobre si e sobre todos e, ao mesmo tempo, sente-se envolvido em Deus para ser sinal e instrumento de Deus para toda a humanidade e para a própria criação.

> No sentido que lhe dá a Sagrada Escritura, o *memorial* não é somente a lembrança dos acontecimentos do passado, mas a proclamação das maravilhas que Deus fez pelos homens. Na celebração litúrgica desses acontecimentos, eles tornam-se de certo modo presentes e atuais. É assim que Israel entende a sua libertação do Egito: sempre que se celebrar a Páscoa, os acontecimentos do Êxodo tornam-se presentes à memória dos crentes, para que conformem com eles a sua vida. O memorial recebe um sentido novo no Novo Testamento. Quando a Igreja celebra a Eucaristia, faz memória da Páscoa de Cristo, e esta torna-se presente: o sacrifício que Cristo ofereceu na cruz uma vez por todas continua sempre atual: "Todas as vezes que no altar se celebra o sacrifício da cruz, no qual 'Cristo, nossa Páscoa, foi imolado', realiza-se a obra da nossa redenção" (CIgC 1363-1364).

Nesse sentido, a memória não é apenas "representação" e "atualização", mas também atuação do Reino e antecipação do retorno glorioso de Cristo. Por meio dessa dimensão escatológica, a Igreja se manifesta ao mundo como sinal profético e esperançoso enquanto, no presente, se esforça para a realização do reino de Deus, participando da obra de Cristo e do Espírito.

Assim, a memória é expressão da ardente expectativa e de um apelo cheio de esperança.

A arte de celebrar é a arte de saber inscrever na memória dos fiéis não somente intenções de ordem moral, bem como os fatos e os gestos da aliança que nos salva em Jesus Cristo. A liturgia é o lugar da memória cristã, o lugar no qual o que se vê e se ouve, o que se toca e se cheira estrutura a identidade do fiel, a constrói, conferindo ao espírito a matéria significante sobre o qual se pode fundar a própria existência crente e celebrante. A arte de celebrar é anamnese daquele "que é, que era e que vem" (CNPL, 2015, p. 37).

## Tudo isto é mistério da fé

Na conclusão da narrativa da instituição, o presidente da celebração diz: "mistério da fé" (1Tm 3,9)[8]. Mistério da fé é a exclamação pronunciada diante da transformação substancial do pão e do vinho no Corpo e no Sangue do Senhor Jesus, realidade esta que ultrapassa toda a compreensão humana. A Eucaristia é, por excelência, "mistério da fé". É o resumo, a súmula da nossa fé. A fé da Igreja é essencialmente fé eucarística e alimenta-se, de modo particular, à mesa da Eucaristia. A fé e os sacramentos são dois aspectos complementares da vida eclesial. Suscitada pelo anúncio da Palavra de Deus, a fé é alimentada e cresce no encontro com a graça do Senhor ressuscitado que se realiza nos sacramentos. A fé exprime-se no rito e este revigora e fortifica a fé. Por isso, o sacramento do altar está sempre no centro da vida eclesial; graças à Eucaristia, a Igreja renasce sempre de novo! Quanto mais viva for a fé eucarística no povo de Deus, tanto mais profunda será a sua

---

8. No original latino e na tradução para outras línguas, não se verifica o mesmo que em português, ou seja, o acréscimo "eis". O maior problema é acentuado pelo gesto não previsto nas rubricas, mas adotado por muitos presbíteros e bispos, em um excesso de piedade, de estender as mãos apontando para o pão e o vinho. O mistério da fé refere-se não somente à transubstanciação, mas a todo o mistério de Cristo, para além do Sacramento da Eucaristia. Trata-se de uma exclamação, não uma referência a algo que está aí. A versão adotada na OE V, do Congresso Eucarístico de Manaus, parece acentuar e querer corrigir essa ambiguidade, ao exclamar que "tudo isto é mistério da fé". Bastaria apenas recordar que o tudo isto refere-se não somente aos elementos eucaristizados, mas a todo o mistério da fé presente na liturgia celebrada (Taborda, 2015, p. 59-62). Este problema já havia sido visto desde a publicação da segunda edição, por isso na terceira edição típica do missal romano não existe mais o "eis" e sim o original latino "mistério da fé". Além disso, acrescentou-se duas outras expressões: "mistério da fé e do amor" ou "mistério da fé para a salvação do mundo".

participação na vida eclesial por meio de uma adesão convicta à missão que Cristo confiou aos seus discípulos (SaC 6).

Logo em seguida, a resposta da assembleia sintetiza todo o motivo da nossa ação de graças: o anúncio da morte, da ressurreição e a espera da vinda. Na aclamação se menciona o evento passado da morte, a realidade presente da ressurreição e a vinda futura na glória: "Toda vez que se come deste pão, toda vez que se bebe deste vinho, se recorda a paixão de Jesus Cristo e se fica esperando sua volta!"

Desta maneira, a aclamação anamnética é o fundamento da ação de graças. O presente, o passado e o futuro estão envolvidos no mistério do altar. Ainda mais, a aclamação nos permite recordar que existe uma plena identidade entre o sacrifício da cruz e a renovação sacramental da missa, que Cristo Senhor instituiu na Última Ceia e ordenou aos discípulos que fizessem em sua memória. Por consequência, a Eucaristia é sacrifício de louvor, de ação de graças, de propiciação, de expiação e de memória. É a Páscoa do Senhor! Essa aclamação é o coração, a *regula fidei*, ou seja, a *lex orandi* que se torna a *lex credendi* e a *lex vivendi*.

A experiência do mistério passa pelo rito, na celebração eucarística vivenciamos a morte redentora de Cristo na cruz. O pão e o vinho, primícias da criação, são transfigurados e levados à glória do reino para se tornarem a santa oferta do Corpo e Sangue do Senhor. Aqui está o realismo da Eucaristia e da própria Páscoa. A Eucaristia, como o memorial da Páscoa, é a alegria do céu na terra (SC 8), é o Cristo vitorioso que abre as portas dos céus e nos transporta para o seu reino de luz infinita.

A Igreja, ao realizar a memória eucarística, proclama o Mistério Pascal em toda a sua eficácia atual, irradiando toda a sua força escatológica no mundo ao fazê-lo acontecer no hoje da história. Nossa Eucaristia remete ao Mistério Pascal de Cristo, exatamente a Última Ceia, e estabelece, portanto, para nós, no tempo e no espaço onde estamos, a Aliança eterna, fruto do mistério.

Portanto, mistério da fé indica o que celebramos, o evento da morte e da ressurreição de Cristo, que é o núcleo central e o conteúdo da fé celebrada. Não celebramos ideias ou pessoas, mas a obra da salvação, os atos de Cristo, a sua passagem da morte à vida, a Páscoa do Senhor. Essa aclamação é feita de pé, pois não se trata de uma adoração, mas da profissão de fé no Mistério Pascal de Cristo.

Nesse contexto de ação, de presença e de vida, a morte e ressurreição de Jesus não é um simples objeto de investigação teológica, mas proclamação que liberta nossa história. O lugar onde o Mistério Pascal é vivenciado com mais verdade e alcançado no seu profundo realismo não é, portanto, o livro de teologia, nem o catecismo ou as devoções sacras, tudo isso vem antes ou depois, pouco importa, mas a invocação viva de Deus que se realiza plenamente na Eucaristia (Lafont, 2021, p. 100-109). Esse é o mistério da nossa fé, mas também a mesma celebração é um ato central, o grande mistério da fé. A aclamação litúrgica da assembleia é um anúncio de vitória e de esperança, uma solene profissão de fé e uma séria forma de vida.

Tanto a entrega de Jesus quanto a anamnese da sua salvação ocorreram e ocorre sob uma ação de graças. A ação de graças e o agradecimento são a postura básica mais característica da criatura humana diante de Deus; na história da salvação, o agradecimento é que expressa de forma mais nítida a postura do simples recebimento da salvação e das ofertas de salvação. A ideia de agradecimento a Deus liga-se já bem cedo com a de sacrifício. No Antigo Testamento, conhecemos o sacrifício de louvação, em que pão e vinho desempenhavam um papel importante, assim como o conceito da *hostia laudis*. Com efeito, da ação de graças como forma básica da eucaristia resulta que o primeiro significado da celebração eucarística é *cultus divinus*, glorificação, adoração, louvor e enaltecimento em memória das grandes maravilhas realizadas por Deus na história (Kasper, 2006, p. 83-86).

## Nós te oferecemos este sacrifício

Quando a IGMR fala da finalidade da OE, afirma que ela deve conduzir toda a assembleia a unir-se a Cristo na proclamação das maravilhas de Deus e na oblação do sacrifício (IGMR 78). Toda a assembleia é o sujeito que, em comunhão com Cristo, oferece o sacrifício (SC 48): "Celebrando a memória da paixão, morte e ressurreição de Cristo, oferecemos um sacrifício de oblação ao Pai". O trabalho eclesial é fazer com que todos possam participar no Sacrifício e comer a Ceia do Senhor (SC 10).

Duas ações, no cenáculo e no calvário, relacionam-se com dois relatos, ceia e paixão. Seu relacionamento é de dois tipos de sacrifícios. No Gólgota, Jesus oferece sua vida em um ato que poderia ser qualificado de sacrifício pessoal. No cenáculo, Ele quis simbolizar esse sacrifício pessoal em ação litúrgica que, em certo sentido, pode adquirir o nome de sacrifício cultual. A ceia simboliza o dom de si pelo Cristo na cruz para a multidão (Léon--Dufour, 2007, p. 147).

A palavra que aparece com maior frequência na catequese, na espiritualidade e na própria linguagem litúrgico-sacramental é sacrifício. Ela vem composta por uma série de adjetivos: eucarístico, vivo, puro, santo, perfeito, imaculado, de louvor, de ação de graças, de propiciação e satisfação, da nossa reconciliação, de vida e santidade. Fala-se do sacrifício de Cristo, da Igreja, do corpo e do sangue, do pão sagrado e do cálice da salvação, de nós mesmos (SC 47; IGMR 2).

O objetivo dessa ampla composição foi enriquecer o vocabulário sobre a Eucaristia para ajudar na sua compreensão, e não sublinhar a sua interpretação a partir somente da ideia de sacrifício. Nessa perspectiva, houve um esforço em recuperar os elementos importantes da Tradição sem criar rupturas com a tradição mais recente. O Concílio Vaticano II e a teologia contemporânea reequilibraram consideravelmente o discurso sobre a Eucaristia.

Entre católicos e protestantes desenvolveu-se durante a história uma série de controvérsias sobre o sacrifício da missa. A partir de Trento, o problema fundamental consistia em buscar uma definição sobre a relação entre celebração da Eucaristia e o sacrifício da cruz. A definição conduziu a teologia a um beco sem saída, resultando na dificuldade de encontrar respostas satisfatórias. Com efeito, tornou-se difícil e delicado mover-se neste campo de reflexão, pois o argumento tornou-se por demais complexo, tanto do ponto de vista bíblico como antropológico, espiritual e ritual, litúrgico e sacramental. O único modo de sair das controvérsias das questões é dirigir--se à Tradição litúrgica e aos textos das Orações Eucarísticas (*Lex orandi*).

A tradição antiga e medieval não teve dificuldade de reconhecer o sacrifício na Eucaristia e ler a missa como "sacrifício da Igreja". A ação de Cristo se renova na ação da Igreja e torna possível a união da comunidade sacerdotal ao seu Senhor, para ser testemunha da obediência ao Pai, que o Espírito torna possível: "Celebrando agora, ó Pai, a memória do vosso Filho, da sua paixão que nos salva, da sua gloriosa ressurreição e da sua ascensão ao céu, e enquanto esperamos a sua nova vinda, nós vos oferecemos em ação de graças este sacrifício de vida e santidade" (OE III).

Nas mais diversas religiões, o sacrifício é um ato que o homem faz para colocar-se em comunhão com Deus, oferecendo-lhe dons naturais ou animais, para reconhecer a sua divindade, louvá-la e alcançar a remissão dos pecados. No Antigo Testamento, com variadas especificações, o sacrifício representa o ato religioso por excelência. Jesus veio precisamente para desmascarar esse processo sacrificial escondido desde a fundação do mundo. Ele acaba com todos os sacrifícios porque oferece a si mesmo, como vítima inocente e pura na cruz, para reconciliar no seu sangue toda a humanidade com Deus. Esse sacrifício é único, irrepetível e eterno. A sua autodoação é o ato supremo de amor, antecipada na Última Ceia no dom do pão e do vinho. Comendo e bebendo esses dois alimentos, símbolo verdadeiro ou sacramento da sua pessoa imolada sobre a cruz, se participa da plena comunhão com Deus, do fruto do seu sacrifício (SC 47; IGMR 2).

Ao contrário da tradição judaica, na qual o homem se oferece a Deus, somos convidados a inverter a lógica. É Ele quem se oferece por nós, quem se entrega e se doa à humanidade. Essa inversão é verdadeira revolução porque muda as prioridades do seguidor de Cristo: não há nada a conquistar, tudo é um dom a ser acolhido e partilhado. Jesus-Cordeiro, identificado com o animal do sacrifício, introduz algo que subverte e revoluciona o rosto de Deus. O Senhor não deseja sacrifícios do homem, mas sacrifica-se a si mesmo não exigindo a vida do homem, mas oferecendo a sua própria vida.

> "Tu não quiseste vítima nem oferenda, mas formaste-me um corpo. Não foram do teu agrado holocaustos nem sacrifícios pelo pecado. Por isso eu disse: Eis que eu venho. No livro está escrito a meu respeito: Eu vim, ó Deus, para fazer a tua vontade." Depois de dizer: "Tu não quiseste nem te agradaram vítimas, oferendas, holocaustos, sacrifícios pelo pecado" – coisas oferecidas segundo a Lei –, ele acrescenta: "Eu vim para fazer a tua vontade". Com isso, suprime o primeiro sacrifício, para estabelecer o segundo. É graças a esta vontade que somos santificados pela

oferenda do corpo de Jesus Cristo, realizada uma vez por todas (Hb 10,5-10).

O termo sacrifício é um termo "ambíguo" do ponto de vista cristão: é o mínimo que se pode dizer! O vocabulário não é o mais antigo, nem o mais frequente no Novo Testamento, sendo utilizado por Paulo apenas quatro vezes. É totalmente ausente do Evangelho de João, que prefere utilizar o termo "dom de si mesmo" ou "morrer para viver". Somente a Carta aos Hebreus desenvolve abundante e sistematicamente a perspectiva sacrificial e sacerdotal. Não se pode, portanto, falar de sacrifício no cristianismo senão no sentido metafórico, pois trata-se do sacrifício existencial da vida enquanto vida de serviço a Deus e aos outros.

A Eucaristia, enquanto ação ritual, faz os cristãos viverem eticamente aquilo que é o verdadeiro sacrifício de serviço a Deus assumido no serviço aos outros e na doação da própria vida. O "verdadeiro sacrifício" que a Eucaristia manifesta e faz os cristãos viverem inserindo-o no de Cristo não é outro senão o do amor. É o que faz São Paulo, por exemplo, em Romanos 12,1: "Portanto, irmãos, eu vos exorto, em nome da misericórdia de Deus, a que vos ofereçais como sacrifício vivo, santo e agradável a Deus, este será o vosso culto espiritual".

Dessa maneira, mesmo que o termo seja ambíguo ou suspeito, ele não deixa de favorecer o vínculo entre a liturgia e a vida do cristão no mundo (Chauvet, 2013, p. 11-22): "Olhai, com bondade, o sacrifício que destes à vossa Igreja e concedei aos que vamos participar do mesmo pão e do mesmo cálice que, reunidos pelo Espírito Santo num só corpo, nos tornemos em Cristo um sacrifício vivo para o louvor da vossa glória" (OE IV).

A missa constitui o sacrifício de Jesus Cristo e da Igreja. O sacrifício de Cristo na cruz torna-se sempre de novo presente na Igreja e diante de Deus, quando a Igreja renova o seu memorial, mediante a ação de graças pela morte e ressurreição de Cristo. O sacrifício de Cristo na cruz é um só, sempre de novo atualizado mediante a ação de graças da Igreja (Beckhauser, 2012, p. 105). A celebração eucarística atualiza o sacrifício ao fazer a memória do evento salvífico da morte e ressurreição de Cristo, ato supremo de caridade que reconciliou a todos com Deus. Recordando a oferta do Filho, o sacrifício da Igreja torna-se um sacrifício agradável de louvor e ação de graças: "por meio dele, portanto, ofereçamos um sacrifício de louvor, ou seja, o fruto de lábios que confessam o seu Nome" (Hb 13,15).

Assim, a celebração é expressão do sacrifício agradável a Deus, da oferta a Deus da própria vida, a partir de um autêntico esforço de conversão interior: "sacrifício a Deus é um espírito contrito, um coração contrito e quebrantado não rejeitas, ó Deus" (Sl 50,19). Pode-se ser fiel à memória de Cristo na Eucaristia somente reconhecendo-a como dom, recebendo-a como um dom e renovando-a mediante o dom (Grillo, 2019, p. 349). No sacrifício de Cristo, o decisivo não é a sua morte física, mas sim o cumprimento da sua missão na entrega ao Pai como sinal do amor radical de Deus aos seres humanos. Somente a livre autodoação de Jesus qualifica sua morte física como sinal do amor. Na Eucaristia se atualiza a entrega vital do Filho ao Pai por nós. O sentido do nosso sacrifício consiste em fazer retornar para Deus em atitude agradecida tudo o que dele recebemos (Kasper; Augustin, 2022, p. 32).

> O supremo e eterno sacerdote Cristo Jesus, querendo também por meio dos leigos continuar o seu testemunho e serviço, vivifica-o pelo seu Espírito e sem cessar os incita a toda a obra boa e perfeita. E assim, àqueles que intimamente associou à própria vida e missão, concedeu também participação no seu múnus sacerdotal, a fim de que exerçam um culto espiritual, para glória de Deus e salvação dos homens. Por esta razão, os leigos, enquanto consagrados a Cristo e ungidos no Espírito Santo, têm uma vocação admirável e são instruídos para que os frutos do Espírito se multipliquem neles cada vez mais abundantemente. Pois todos os seus trabalhos, orações e empreendimentos apostólicos, a vida conjugal e familiar, o trabalho de cada dia, o descanso do espírito e do corpo, se forem feitos no Espírito, e as próprias incomodidades da vida, suportadas com paciência, se tornam em outros tantos sacrifícios espirituais, agradáveis a Deus por Jesus Cristo (cf. 1Pd 2,5); sacrifícios estes que são piedosamente oferecidos ao Pai, juntamente com a oblação do corpo do Senhor, na celebração da Eucaristia. E deste modo, os leigos, agindo em toda a parte santamente, como adoradores, consagram a Deus o próprio mundo (LG 34).

A Eucaristia, atuação sacramental do "sacrifício" redentor de Jesus Cristo, é fonte de reconciliação dos homens com Deus. Toda vez que se celebra a

Eucaristia, faz-se presente o "corpo que é dado" (Lc 22,19) e o sangue que é "derramado em remissão dos pecados" (Mt 26,28) e, com isso, torna-se possível a aplicação da virtude redentora da morte de cruz e da ressurreição gloriosa (Rm 4,25) aos fiéis que dela participam hoje no mundo inteiro.

A Eucaristia é remédio e medicina. Ela cura as feridas do pecado, restaura no homem pecador a imagem originária e faz nova a Igreja. Pela participação nesse sacramento somos transformados. É um caminho sempre a percorrer e a redescobrir a partir de uma leitura serena e autêntica da tradição eclesial, dos dados bíblicos, patrísticos e litúrgicos[9]. De fato, fazer viver de novo os homens que morreram pelos pecados é efeito da mesa sagrada. A Eucaristia, embora constitua a plenitude da vida sacramental, não é um prêmio para os perfeitos, mas um remédio generoso e um alimento para os fracos (EG 47).

A Igreja, na sua oração, diz a Deus e a si mesma que a participação no Corpo e no Sangue de Cristo, mediante a oferta e a comunhão, é expiação e purificação de todo o pecado, cura de todas as ofensas, reconciliação com Deus e com os irmãos. Participar do pão partido e do sangue derramado com um coração sincero, com efeito, significa participar do dom mais perfeito da misericórdia de Deus, da oferta memorável feita para a nossa salvação. Concordar com essa dimensão simbólico-ritual da Eucaristia é uma urgência eclesial, uma urgência que exige da Igreja uma grande franqueza para poder fazer uma releitura da Tradição.

## Lembrai-vos

A memória (anamnese) e a oblação (sacrifício) não param aí: se o corpo e o sangue de Cristo são a oblação pura que reúne o tempo e o espaço, a memória deve se estender àqueles que não estão presentes. A oblação é uma

---

9. Com relação à compreensão de Eucaristia, os testemunhos privilegiados da Tradição são os documentos da antiguidade cristã: os textos eucológicos legados pela tradição litúrgica do Oriente e do Ocidente cristãos, ao lado do testemunho dos Padres da Igreja, que deles transmitem a compreensão eclesial. O primeiro milênio da cristandade deve ser privilegiado, porque nele encontramos uma compreensão da Eucaristia anterior à polarização das controvérsias que estreitaram o campo de explicação teológica da Eucaristia e, consequentemente, as formas de expressão da própria prática litúrgica. Por outro lado, o testemunho desses primeiros séculos da Igreja é facilmente aceito pelas diversas comunhões cristãs como ponto de partida do diálogo para reencontrar a comum tradição da fé (Gopegui, 2000, p. 157).

palavra e um clamor que abrange a totalidade corporal de Cristo: humanidade e mundo. A oração de intercessão (*memento*) não é um elemento acessório, mas fundamental da oração eucarística desde a sua origem e merece a devida atenção. É a manifestação do verdadeiro espírito eclesial, católico, universal e a unidade com a oferta do sacrifício de Cristo que toca a humanidade inteira.

Nesse sentido, a invocação da segunda parte da OE tem fundamento e objeto diferentes. Não se trata mais da santificação das coisas, mas de uma relação orante entre pessoas. Quanto ao fundamento desse pedido, não é como no início, a ação geral da criação providente de Deus, mas o corpo e o sangue de Cristo, que acabam de ser apresentados. Há uma antecipação audaciosa, reunindo os vivos e os mortos, os santos e os anjos. A intercessão declara o sentido da comunhão sacramental iminente e suplica a graça de responder ao dom que Cristo nos faz mediante o dom que fazemos de nós mesmos (Lafont, 2021, p. 103).

> Lembrai-vos, ó Pai, dos vossos filhos e filhas N.N. e de todos os que circundam este altar, dos quais conheceis a fidelidade e a dedicação em vos servir. Eles vos oferecem conosco este sacrifício de louvor por si e por todos os seus e elevam a vós as suas preces para alcançar o perdão de suas faltas, a segurança em suas vidas e a salvação que esperam (OE I).

A palavra comunhão-união aparece no início, no centro e no fim da celebração eucarística: comunhão entre pessoas, os presentes e os ausentes, com o Espírito Santo, a Igreja (papa e bispos), os santos no céu, o corpo e o sangue de Cristo. A Eucaristia é símbolo da fraternidade e da familiaridade e sinal da reconciliação operada por Cristo na cruz. Sendo assim, a celebração eucarística faz comunhão com a totalidade da Igreja.

A missa não pode ser um ato parcial, pois apresenta uma chamada à plenitude, completude e totalidade que conserva no seu centro um mistério, o mistério de Cristo e o mistério da Igreja. A memória de tantos outros é um sinal da comunhão com Deus. Interceder por alguém na missa significa aceitar que todos estão imersos na graça da Páscoa do Senhor: todos salvos, todos em comunhão (Grillo; Conti, 2021, p. 142-146).

A consciência da unidade da Igreja, como efeito da memória da Páscoa na Ceia do Senhor, alarga o horizonte do espaço e olha para a comunhão dos santos, dos vivos e dos defuntos (IGMR 79). A súplica, como oferenda, é apresentada a Deus por todos os membros da Igreja na expectativa da bem-aventurada esperança de partilhar a herança eterna do céu, com a Virgem Maria (CIgC 1369-1371).

O olhar orante da assembleia lembra-se de toda a humanidade. E nessa recordação afirma-se que a assembleia eucarística celebrante, a comunhão eclesial dos presentes, se encontra em plena comunhão com a Igreja celeste. Nas intercessões pelos defuntos e na recordação dos santos, a comunhão eclesial se expande, abraçando não somente a Igreja que vive no hoje da história, mas também aquela que já participa da Jerusalém celeste (SC 8).

A necessidade de dizer o nome do papa e do bispo local não é uma honra clerical, mas uma afirmação de que aquela assembleia é a manifestação da verdadeira Igreja (LG 26); o presbítero que preside a celebração é delegado do bispo que, mesmo sendo o grande sacerdote do seu rebanho (SC 41), não pode presidir sempre e em todo o lugar. A relação com o bispo e com o papa não é de tipo jurídica, mas sacramental, constituída pela verdade e legitimidade eclesial da Eucaristia. Junto com o papa e o bispo local são recordados os vários ministros, presbíteros e diáconos, os presentes e os ausentes, os oferentes e o povo cristão, todos os homens.

A unidade não é simplesmente resultado dos esforços humanos, mas está ligada à redenção operada por Cristo. Paz e unidade são, assim, mais um dom a se acolher do que uma realidade a se construir com as nossas forças (Ferrari, 2022, p. 128).

A comunhão exprime-se de dois modos: pedindo a unidade e a paz, marcada pela fé e no amor: "Lembrai-vos, ó Pai, da vossa Igreja que se faz presente pelo mundo inteiro: que ela cresça na caridade…" (OE II); "E agora, nós vos suplicamos, ó Pai, que este sacrifício da nossa reconciliação estenda a paz e a salvação ao mundo inteiro. Confirmai na fé e na caridade a vossa Igreja…" (OE III); "Nós as oferecemos pela vossa Igreja santa e católica: concedei-lhe paz e proteção, unindo-a num só corpo…" (OE I); "E agora, ó Pai, lembrai-vos de todos pelos quais vos oferecemos este sacrifício" (OE

IV); "Protegei vossa Igreja que caminha nas estradas do mundo rumo ao céu, cada dia renovando a esperança de chegar junto a vós, na vossa paz" (OE V). A comunhão com o Pai se pode experimentar na comunhão com os outros e a comunhão com os outros é uma parte essencial do plano de Deus.

Uma particularidade que pode passar despercebida é presente no "memento" dos defuntos. A Igreja não somente reza por aqueles que viveram a amizade com o Senhor, mas por todos os que morreram. O maior ato de caridade que a Igreja pode fazer por todos é apresentar os seus nomes diante de Deus. Ninguém pode ser excluído. Não importa a fama que tiveram, a morte que padeceram ou o fim a que chegaram, todos são incluídos na oração da Igreja: "Lembrai-vos também dos nossos irmãos e irmãs que morreram na esperança da ressurreição e de todos os que partiram desta vida" (OE II); "Acolhei com bondade no vosso reino os nossos irmãos e irmãs que partiram desta vida e todos os que morreram na vossa amizade" (OE III); "Lembrai-vos também dos que morreram na paz do vosso Cristo e de todos os mortos, dos quais só vós conhecestes a fé" (OE IV). E, assim, "unidos a eles, esperamos também nós saciar-nos eternamente da vossa glória, quando enxugardes toda a lágrima dos nossos olhos. Então, contemplando-vos como sois, seremos para sempre semelhantes a vós e cantaremos sem cessar os vossos louvores" (OE III). Ninguém nem nada fica esquecido na oração eucarística, mas cada coisa é reconduzida a Deus, como recorda a doxologia que a conclui.

## Por Cristo...

Após a grande ação de graças por meio da oração eucarística, antes do amém que ratifica tudo o que foi proclamado, a doxologia sintetiza o sentido da ação memorial (IGMR 79). Em relação a este elemento, o documento evidencia dois aspectos importantes: a glorificação de Deus e a confirmação da parte do povo. Todas as orações eucarísticas do Missal Romano têm a mesma doxologia.

Na doxologia final da oração eucarística, exprime-se de modo claro e eficaz o movimento próprio de toda a oração. O texto serve de modelo para toda a oração cristã: dirigida sempre ao Pai, por-com-em Cristo, no Espírito

Santo. É a síntese de tudo aquilo que proclamamos durante a oração eucarística: recordar o que Deus fez, pedir o que desejamos e louvar. O louvor (doxologia) está em perfeita harmonia com o que recordamos (anamnese) e com o que pedimos (epiclese). Essa doxologia merece uma maior valorização. Para enfatizar o amém da assembleia, o presidente deveria cantá-la.

Nessa oração não há verbos, não se utiliza a linguagem normal, mas poética, justamente para não exprimir uma ideia, mas sim a alegria, o louvor, o reconhecimento que nasce do coração. Tudo é feito por Cristo, com Cristo e em Cristo para a glória de Deus Pai na unidade com o Espírito Santo. É o mistério de comunhão trinitária que permite a comunhão sacramental e eclesial. É o *transitus Christi* (Páscoa de Cristo) que abre o *transitus ecclesiae* (Páscoa da Igreja).

A doxologia, por meio das três preposições (por, com e em), manifesta a mediação de Cristo, a comunhão nele e a identificação com Ele. É na ação de Cristo que é possível a ação da Igreja. Somente na comunhão com Ele se acessa a comunhão com o Pai. Desta maneira, é na reciprocidade de vida (a dele em nós e a nossa na dele) que se atinge a plenitude da experiência (Grillo; Conti, 2021, p. 148-150).

Considerando tudo aquilo que Deus fez através de Cristo e tudo aquilo que acontece no hoje da nossa celebração, a assembleia aclama um fortíssimo amém. É o maior amém da missa, tornando-se o maior amém do mundo. Esse amém não termina nunca. Dada a centralidade da doxologia e especialmente o amém da assembleia para o sentido profundo de toda a oração, será importante, do ponto de vista celebrativo, fazer com que esse elemento não passe inobservado ou seja negligenciado. É preciso que a formação litúrgica sublinhe a dimensão eclesial e festiva da ação eucarística que o amém da assembleia atesta. Um dos modos mais eficazes é, certamente, o canto (Ferrari, 2022, p. 83-85).

### A comunhão ritual

Depois da grande oração de ação de graças, o rito. Após termos rezado sobre o pão e o vinho, se realiza o rito de partir o pão e o vinho para que seja comido e bebido. Dessa forma, posteriormente às duas primeiras partes da Liturgia Eucarística – preparação dos dons e oração eucarística –, vamos considerar a sua última parte, o rito de comunhão. A anáfora, com seu pedido fundamental para que o Espírito Santo edifique o corpo eclesial, pela participação nos dons eucaristizados, chega ao seu termo na comunhão. É a realização do pedido: comungando do corpo sacramental de Cristo, tornamo-nos corpo eclesial (Taborda, 2015, p. 124).

O momento é marcado por diversos gestos e algumas orações. É o momento culminante da Ceia do Senhor. Relendo todas as ações podemos observar que acontece uma passagem fundamental da centralidade daquele que preside para a assembleia que celebra. Se na OE o povo celebrante participa de modo silencioso e atento, no rito de comunhão essa participação passa a ser mais plena, visível e eficaz, sobretudo, após a reforma litúrgica do Concílio Vaticano II. Entretanto, mesmo depois de 60 anos, ainda temos necessidade de uma mudança mental e corporal. Fazer a comunhão não é um gesto privado, mas gesto comunitário de ser Igreja, corpo de Cristo. É toda a comunidade que celebra, pede perdão, escuta a Palavra, reza e realiza ações que constituem a plena comunhão em Cristo e com a Igreja.

Ainda é preciso redescobrir o "rito de comunhão" como parte integrante e essencial da ação eucarística e não simplesmente como distribuição aos singulares fiéis das partículas consagradas. Recuperar a unidade entre sacramento, sacrifício e comunhão, que significa a unidade entre oração eucarística, narrativa da instituição e rito de comunhão (memória, sacrifício e ceia), implica uma profunda transformação da consciência que a Igreja tem de si, tanto da sua expressão como da sua experiência, em relação ao seu Senhor. O coração do evento eucarístico não é, portanto, as palavras declarativas sobre a matéria do pão e do vinho e a sua consequente transformação substancial. Sem a comunhão, a oração eucarística perde o sentido. O coração da Eucaristia é o acontecimento de uma ação, o dar-se diacrônico de uma forma coerente e estruturada que une entre si pessoas, palavras, objetos, tempo e espaço. Fazer comunhão é a forma substancial da missa. Uma teologia da Eucaristia redutiva procura sempre conceber a comunhão apenas como união íntima com Cristo, deixando na sombra o sentido do pedido de Cristo aos discípulos na ceia (Gopegui, 2009, p. 252).

Os ritos são: a oração do Senhor e o seu desenvolvimento (embolismo), o rito da paz, a fração do pão com o canto "Cordeiro de Deus", a comunhão do sacerdote e do povo, a oração depois da comunhão. É uma fase celebrativa rica em que transparece o caráter comunitário e festivo, não intimístico e privado do fazer comunhão. A gestualidade inerente ao momento mostra que a Ceia do Senhor é um convívio pascal fraterno e alegre: "Felizes os convidados para a Ceia do Senhor".

## A ousadia cristã

A Oração do Senhor abre no rito romano os ritos de comunhão. Nem sempre foi assim: ela era precedida pela fração do pão. A primeira parte do Pai-nosso pode ser considerada como um resumo da oração eucarística: "seja santificado o vosso nome", "venha a nós o vosso reino" e "seja feita a vossa vontade". A segunda parte constitui uma excelente preparação para a comunhão. Antes de o Pai-nosso aparecer nos documentos litúrgicos, os Padres da Igreja, em seus comentários à oração do Senhor, sempre a relacionavam com a comunhão: o pão cotidiano, o perdão divino e a libertação do mal (Gopegui, 2009, p. 253).

Na sua caminhada até Jerusalém, os evangelistas narram que Jesus parava e dedicava-se à oração. A oração sempre foi uma dimensão essencial na vida de Jesus e as suas ações foram marcadas por prolongadas pausas de oração. O estilo orante de Jesus chamava a atenção dos discípulos. Eles interrogavam e desejavam aprender: "Senhor, ensina-nos a rezar, como também João ensinou a seus discípulos".

Na tradição judaica, em que estava toda a formação dos discípulos, havia diversas correntes de oração e fórmulas. Jesus inova e não somente explica como orar, mas transmite um ensinamento acerca da oração: "Quando rezardes, dizei". A oração de Jesus, diferente da dos mestres da época, manifestava o vínculo íntimo que Ele tinha com o Pai. Ele não ensina a rezar para cumprir um dever diante de Deus ou para aplacar a ira de um Deus onipotente. Os discípulos desejam aprender esse modo para dirigirem-se a Deus. Eles sabiam rezar, recitando fórmulas da tradição judaica, mas querem vivenciar a mesma "qualidade" e a autenticidade da oração de Jesus.

Depois de ter revelado seu mistério de filho e irmão, Jesus confia aos seus discípulos um dos dons mais preciosos da sua missão terrena: a oração do "Pai-nosso". Aproximando-nos da prece de Jesus, percebemos que todo o conteúdo da oração gira em torno do vocativo que abre a própria oração: "Pai-nosso", na versão de Mateus; ou "Pai", na versão de Lucas. O Pai torna-se o destinatário e o objeto da súplica. Dessa forma, a oração ensinada por Jesus é, antes de tudo, dar lugar a Deus, deixando que Ele resplandeça sua santidade em nós, fazendo com que se aproxime o seu Reino, a partir da possibilidade de manifestar sua presença de amor em nossa vida.

Ao responder o pedido dos discípulos, Jesus não dá uma definição abstrata de oração, não ensina técnicas eficazes para orar nem para alcançar uma espiritualidade efetiva. Ao contrário, Ele convida seus seguidores a experimentar a oração, colocando-os diretamente em comunicação com o Pai. Estar diante do Pai significa estar diante do início da sua história. Na frente de um pai, pede-se, mas, sobretudo, tem-se confiança e abertura. O entendimento do sentido da oração do "Pai-nosso" acontece quando se consegue interiorizar o significado desse "Pai". O reconhecimento do amor do Pai é uma questão fundamental para a vida porque coloca questões decisivas sobre quem somos e quem é Deus.

No texto de Lucas, a oração é muito breve e constituída por dois pedidos que estão em paralelo com a oração judaica: a santificação do Nome e a vinda do Reino. Em seguida, vemos três pedidos referentes àquilo que é verdadeiramente necessário para o discípulo: o dom do pão de que se precisa todos os dias, a remissão dos pecados e a libertação da tentação. A oração do cristão é simples, sem muitas palavras, mas cheia de confiança em Deus. O texto de Mateus (6,9-13) apresenta sete pedidos e o de Lucas (11,2-4), cinco. Os três primeiros pedidos referem-se a Deus, os outros são pedidos referentes à vida terrena. Na sua oração, Jesus revela a atitude de dirigir-se abertamente ao Pai com uma linguagem cotidiana e com palavras simples.

A originalidade da oração de Jesus está na relação confiante com o Pai e não no elenco dos pedidos e necessidades humanas. Somente pode chamar a Deus de Pai quem aceita o lugar de filho. Um lugar dado a nós pelo único Filho, nosso irmão: somos filhos por causa do Filho. É nele e por meio dele que nos dirigimos ao Pai. Dessa maneira, somente Ele ensina a forma correta de voltar-se ao Pai. Na sua oração, Jesus revela a atitude de dirigir-se abertamente ao Pai. Nesse sentido, nossa oração é autêntica quando, ao chamarmos Deus de Pai, aprendemos a viver como irmãos.

Para rezarmos o Pai-nosso em nossa comunidade dominical, o ministro usa o forte e potente convite: "Obedientes à Palavra do Senhor e formados por seu divino ensinamento, ousamos dizer". De fato, dizer "Pai nosso" é a maior ousadia cristã. O apelo direto ao Pai é incomum na tradição judaica. A ousadia não está apenas em dizer "Pai", mas sobretudo em dizer "nosso".

Embora sejamos tão inclinados a pensar no *meu*, Jesus nos ensina e nos obriga a reconhecer o *nosso*. É ousadia porque vai contra ao nosso modo de pensar individualista. Quando eu digo "nosso", o mundo inteiro está presente.

Retornando ao Pai em uma relação orante, o homem volta-se à sua origem e essência. Nesse movimento, a oração não se destina apenas ao "Pai nosso" que está nos céus, mas também ao "Pai nosso" que está na terra. O "Pai-nosso" é um limiar entre o céu e a terra. O destino das nossas orações é o Pai que está em contato conosco na vida cotidiana. O homem somente é capaz de desejar Deus porque Deus se inclina com benevolência para a realidade do próprio homem e entende seus desejos primários. Nós nos aproximamos de Deus porque Deus se aproxima de nós.

Rezar com ousadia essa oração não se trata de oferecer a Deus alguns momentos da vida, mas colocarmos em suas mãos toda a nossa vida, tudo o que somos e experimentamos. O desejo mais sublime, a vocação mais bela e a vontade mais perfeita. A verdadeira oração cristã é colocar-se no lugar de filho. Rezar é sentir-se filho de um Deus que é o Pai. Diálogo, encontro e experiência. A oração do Pai-nosso é a mais clara e expressiva síntese da mensagem de Jesus. Não é uma fórmula a ser decorada e repetida diante de um "mestre todo-poderoso", mas uma forma de vida, cujas atitudes devem levar-nos a assimilar progressivamente a filiação e a fraternidade. Ao rezar o Pai-nosso, nossas inquietações são transformadas em desejos e os nossos desejos são transformados em verdadeira oração.

O Pai-nosso constitui a mais bela síntese da vocação do homem. Não é apenas uma oração a ser recitada, mas o projeto de Deus a respeito do homem a ser vivido. O Pai-nosso expressa a vocação integral do homem nos seus três nós de relação: com Deus, com a natureza criada e com o próximo (Beckhauser, 2012, p. 119).

A oração do Pai-nosso já se atesta no rito romano desde o IV século. A partir de São Gregório Magno († 604), pela proximidade imediata com a oração eucarística, foi reservado ao sacerdote, que o proferia "da mesma forma como rezou o cânon". É da liturgia franco-romana do VIII século a participação do povo na resposta "mas livrai-nos do mal", em vigor na Missa Romana cantada até a edição do Missal de 1962. Somente em 1958 foi estabelecida a recitação comunitária da Oração do Senhor na celebração da missa dialogada, e em 1964 estendeu-se também à missa cantada. O Ordinário da Missa de 1969 prescreveu que o recitassem todos, povo e sacerdote, em todas as missas.

Ultimamente, no Brasil, temos visto uma "tempestade" de informações equivocadas sobre a gestualidade durante a Oração do Senhor na missa. A lógica que seguem é mais rubricista do que litúrgico-ritual, em particular, teológico-litúrgica. O rito nunca pode ser reduzido a formalismo, a exterioridade vazia, sem dimensão simbólica, sem suficiente atenção ao sentido que expressa e sem envolvimento afetivo. Na celebração sacramental da fé, todas as ações rituais-simbólicas sintetizam que na liturgia Deus e o homem, Cristo e a Igreja agem de forma contemporânea. O sacramento é totalmente ação de Deus e totalmente ação do homem. A forma do rito é determinante para a experiência de fé e para a vida da Igreja. Como já se afirmou acima, precisamos de uma vivência não autorreferencial, que nos introduza no mistério celebrado para fruirmos da potencialidade da liturgia que requer adequada "inteligência sensível" e qualificada "sensibilidade inteligente".

Desde a Antiguidade, as mãos levantadas é a posição da Igreja, de todo batizado, quando se coloca em oração, como constatamos nas imagens das catacumbas. As mãos abertas é o gesto do orante. É o gesto mais primitivo do homem diante de Deus, encontrando-se em quase todos os cultos religiosos. Antes de tudo, as mãos abertas expressam um gesto de paz, uma expressão de "não violência", abertura, desejo e esperança. Para os cristãos, os braços abertos têm significado cristológico, eles lembram-se das mãos abertas de Cristo na cruz. Dessa forma, o gesto orante mais primitivo obteve uma nova profundidade com o crucificado. Abrindo os braços, queremos orar com Ele, unir-nos com os seus sentimentos (Fl 2,5). Nas mãos abertas incidem dois sentimentos: a adoração a Deus e o amor pelo próximo, gestualizando o conteúdo do primeiro mandamento, resumo da Lei e dos Profetas. A fusão desses dois significados indica, de forma visível e física, a profundidade da oração cristã.

Encontramos no Missal para o uso no Brasil duas traduções que nos permitem identificar a expressão "com o povo": "o sacerdote abre os braços e prossegue com o povo" e "o sacerdote, com o povo, abre os braços e prossegue". O complemento "com o povo" entre vírgulas é um adjunto adverbial de companhia e "com o povo" sem vírgulas é um adjunto adnominal. A preposição *com* inclusiva tem o sentido de "junto", assim o termo em questão diz respeito a um adjunto adverbial de companhia, que modifica o verbo e permite que este, mesmo estando no singular, para concordar com o sujeito simples, inclua o povo na ação de abrir os braços do enunciado analisado. Na fórmula original do latim: *"extendit manus et, una cum populo, pergit"*, vemos as vírgulas demarcando, sintaticamente, o termo *"una cum populo"*, ou seja, o adjunto adverbial de companhia (a vírgula deve ser utilizada em adjuntos adverbiais e não em adnominais). Portanto, o povo pode abrir os braços e prosseguir, com o sacerdote, a oração do Pai-nosso. A Oração do Senhor, por seu caráter litúrgico, nunca deve separar gesto e prece. Seguindo a dinâmica sacramental de toda a liturgia, une gesto e palavra de tal modo que se realize no corpo pessoal e no corpo eclesial a dinâmica encarnatória da fé.

Elevar os braços em direção a Deus é atitude filial, mais que sacerdotal. É sacerdotal enquanto decorrência da relação filial que se manifestou em Jesus, sobretudo na cruz. O prefácio da anáfora segunda diz que Jesus "estendeu os braços na hora da sua Paixão, a fim de vencer a morte e manifestar a vida". Na cruz, a humanidade de Jesus, do ponto de vista da filiação, alcança o vértice. É por isso que os Padres da Igreja interpretam a Oração do Senhor como gesto que imita a cruz de Cristo.

Orando o Pai-nosso de mãos estendidas, associamo-nos ao Filho amado de Deus. Nossa oração, hoje, coincide com a filiação de Cristo na cruz. O Pai que nos vê rezar de mãos estendidas, que nos ouve ao chamá-lo pelo clamor da oração, contempla em nós o rosto do seu Filho que se entrega, escuta de nós a voz dele se confiando em suas mãos. Se rezar a Oração do Senhor é uma ousadia da nossa parte, que sejamos ousados não apenas no rezar, mas também nos gestos inerentes ao nosso rezar. Abramos os braços e as mãos sem medo. É o Espírito que ora em nós.

> Guiados pelo Espírito Santo, que ora em nós e por nós, elevemos as mãos ao Pai e rezemos juntos a oração que o próprio Jesus nos ensinou (MR, p. 569).

## A libertação que gera reconciliação

Prolongando a Oração do Senhor (embolismo), o ministro invoca a libertação de todos os males. É o complemento do Pai-nosso. O embolismo suplica que toda a comunidade dos fiéis seja libertada do poder do mal (IGMR 81). Circundados na nossa vida pelos pecados e perturbações e rezando para sermos livres, vivemos na espera da beata esperança e da vinda do Senhor: *"Livrai-nos de todos os males, ó Pai, e dai-nos hoje a vossa paz. Ajudados pela vossa misericórdia, sejamos sempre livres do pecado e protegidos de todos os perigos, enquanto vivendo a esperança, aguardamos a vinda do Cristo Salvador"*.

A reforma litúrgica do Vaticano II modificou essa oração a fim de finalizá-la com uma conotação escatológica, abrindo espaço para a resposta da assembleia: *"vosso é o reino, a glória e o poder"*. A assembleia reza para que todo o mundo seja livre do mal e libertado das armadilhas dos inimigos. A misericórdia é indispensável para uma autêntica proposta de comunhão evangélica porque ela é o verdadeiro caminho para libertar o homem das consequências do pecado, do mal moral e dos seus perigos. Somente o amor é capaz de preencher os espaços vazios e os abismos negativos que o mal abre no coração, na mente e na história.

Essa oração simboliza para todos que em todas as missas rezamos para sejamos livres de toda a maldade. É preciso valorizar a força dessa oração para sair da necessidade subjetiva de encontrar tantos meios que nos protejam dos perigos do mal. A missa é a oração que melhor serve para despotencializar das nossas vidas o poder divisor das estruturas malignas.

## A paz que supera o conflito

Até este momento, o ministro direcionou suas palavras a Deus ou à assembleia. Agora ele direciona a sua oração diretamente a Cristo. É uma oração pela paz. A oração recorda as palavras do Senhor na Última Ceia: "Eu vos deixo a paz, eu vos dou a minha paz" (Jo 14,27). São palavras que fazem parte do longo discurso que, na noite em que ia ser entregue, Jesus dirige a seus apóstolos para dar sentido à sua morte. Na morte de Cristo está a nossa paz. A primeira palavra que o Ressuscitado dirige à sua comunidade é: "Paz a vós" (Jo 20,21). Cristo "é a nossa paz" (Ef 2,14). O anúncio do Evangelho começa sempre com a saudação de paz; e a paz coroa e cimenta em cada momento as relações entre os discípulos. Ela é possível porque o Senhor venceu o mundo e sua permanente conflitualidade, "pacificando pelo sangue da sua cruz" (Cl 1,20).

O rito da paz recorda que a comunhão com o corpo de Cristo exige união e reconciliação fraterna, possivelmente manifestada com um gesto exterior. No rito ambrosiano, como nos ritos orientais, a paz entre os fiéis é manifestada antes da apresentação dos dons. No rito romano, a troca do sinal de paz, colocado desde a Antiguidade antes da comunhão, visa à comunhão eucarística. A paz de Cristo não se pode enraizar em um coração incapaz de viver a fraternidade e de repará-la depois de tê-la ferido (Francisco, 2018, p. 65). A paz é um bem que supera qualquer barreira, porque é um bem de toda a humanidade. Se examinarmos a fundo os textos bíblicos, descobriremos que o primeiro âmbito onde somos chamados a conquistar essa pacificação nas diferenças é a própria interioridade, a própria vida sempre ameaçada pela dispersão (EG 229).

Nos últimos anos, esse rito retornou ao centro da experiência eclesial. Por alguns séculos permaneceu à margem da prática litúrgica, sendo previsto apenas nas missas solenes e entre o ministro e os seus auxiliares. Vale recordar que toda a sequência do rito de comunhão passou no último século por uma inteira reformulação. Fica evidente que ao recuperar a saudação da paz a todos e por todos, estamos recuperando uma práxis que a Igreja conheceu e, de certo modo, não perdeu, mas colocou em uma posição mais adequada (Grillo; Conti, 2021, p. 169-174). Neste nosso tempo pavorosamente cheio de conflitos, tal gesto adquire – mesmo do ponto de vista da sensibilidade comum – um relevo particular, pois a Igreja sente cada vez mais como sua missão a de implorar ao Senhor o dom da paz e da unidade para si mesma e para a família humana inteira (SaC 49).

A saudação é ritual e não ordinária. Faz parte do "jogo" sério do rito. A expressão ritual é forte e potente. Com a frase "a paz do Senhor esteja convosco" e com a resposta "o amor de Cristo nos uniu", o gesto simboliza a comunhão que experimentamos desde o início da celebração. Logo após dizermos "Pai-nosso", a ação ritual nos convida a reconhecer aquele que está ao nosso lado como irmão e irmã: *"o amor de Cristo nos uniu"*.

O cumprimento é um gesto simbólico. Pode ser o aperto de mão, o abraço ou o beijo na face. No Brasil, o gesto ritual é conhecido como "abraço da paz", no entanto, a Escritura e os documentos patrísticos falam em "beijo" ou "ósculo", como o faz também o latim litúrgico. Na Antiguidade dava-se, de fato, um beijo como transmissão do Espírito (o beijo é um sopro). Com o decorrer do tempo, o beijo foi estilizado em um abraço ritual que se dava inclinando-se para a direita e para a esquerda em uma certa distância do rosto. Tal era, até a reforma litúrgica do Vaticano II, o uso litúrgico nas missas solenes, mas restrito aos clérigos (Taborda, 2015, p. 140).

O gesto ritual também tem sentido quantitativo. Não se tem a necessidade de saudar a todos os presentes e sim aqueles que estão ao seu redor. O próprio ministro pode causar distrações agravantes quando deixa o presbitério e procura saudar a todos. Não é necessário e não faz parte da ação ritual (IGMR 82). Ele saúda a todos na gestualidade dos seus braços abertos e no diálogo: "A paz do Senhor esteja convosco". Se assim for, o rito não levará muito tempo e não dispersará a assembleia durante o rito de comunhão. A saudação da paz é de grande valor para se perceber a dimensão fraterna da Eucaristia. O anúncio de paz não é a proclamação de uma paz negociada, mas a convicção de que a unidade do Espírito harmoniza todas as diversidades (EG 230). Só podemos entrar em comunhão com Cristo e com Deus se estivermos reconciliados, em paz e em comunhão com todos (Beckhauser, 2012, p. 122).

## A fração do pão que provoca unidade

O presidente da celebração parte o pão eucarístico, ajudado, se for o caso, pelo diácono ou um concelebrante. O gesto da fração, praticado por Cristo na Última Ceia, e que serviu para designar, nos tempos apostólicos, toda a ação eucarística, significa que os fiéis, apesar de muitos, se tornam um só corpo, pela comunhão do mesmo pão da vida que é Cristo, morto e ressuscitado pela salvação do mundo (1Cor 10,17; IGMR 83). Não apenas narração do que Jesus fez, mas também o como Jesus foi feito.

O momento é um dos mais intensos de toda a celebração. Com o passar do tempo, acabou perdendo a sua potência simbólica e a sua força evocativa. Diante do gesto de partir o pão, hoje estamos mais distraídos, superficiais ou formais. No entanto, é em torno a esse gesto que se coloca um dos nomes mais antigos da missa: *fractio panis* (At 2,46; At 20,11; Lc 24,35). Se na OE dizemos sobre o gesto, nesse momento o fazemos. Passamos da narrativa para a ação. A dimensão é prática. Sempre foi necessário dividir um único pão para distribuir entre os presentes: "o pão que partimos, não é comunhão com o corpo de Cristo? Porque há um só pão, nós, embora muitos, somos um só corpo, pois todos participamos desse único pão" (1Cor 10,16-17). É um jogo sério entre um e muitos. Sendo o pão entendido como corpo de Cristo, era impossível partir o pão sem conseguir ver nessa ação ritual a imagem do corpo entregue e do sangue derramado na cruz.

Uma parte do pão partido é colocada no cálice e essa ação é chamada de *immixtio*. O significado sacramental desse gesto foi muito discutido (Raffa, 2003, p. 540) e indica a unidade do corpo e do sangue de Cristo ou, talvez, da morte e da ressurreição: "esta união do Corpo e Sangue de Cristo que vamos receber nos sirva para a vida eterna". Esse gesto também ficou conhecido como *fermentum* e tem uma forte correspondência histórica. Inicialmente havia uma única celebração eucarística em cada lugar, presidida pelo bispo rodeado do seu presbitério, auxiliada pelos diáconos e participada por toda a comunidade local. O aumento dos cristãos passou a não permitir esse tipo de celebração, e o bispo passou a delegar membros do seu presbitério para a celebração eucarística em diversos pontos da cidade. Para expressar a comunhão com o bispo e a unidade da Eucaristia, o bispo enviava por meio dos diáconos ou acólitos uma porção do pão eucaristizado para que se misturasse no vinho, expressando a unidade entre a Eucaristia do presbitério e a Eucaristia do bispo (Taborda, 2015, p. 134).

A fração do pão é acompanhada pela aclamação "Cordeiro de Deus"[10]. É a demonstração do significado sacrifical. Esse canto deveria ser mais longo,

---

10. Durante o canto do Cordeiro de Deus, o presidente da celebração pronuncia uma oração em voz baixa. O Missal de Paulo VI apresenta duas alternativas: "Senhor Jesus Cristo, Filho do Deus vivo, que, cumprindo a vontade do Pai e agindo com o Espírito Santo, pela vossa morte destes vida ao mundo, livrai-me por este vosso santíssimo Corpo e Sangue dos meus pecados e de todo mal; dai-me cumprir sempre a vossa vontade e jamais separar-me de vós" ou "Senhor Jesus Cristo, o vosso corpo e o vosso sangue, que vou receber, não se tornem causa de juízo e condenação; mas, por vossa bondade, sejam proteção e remédio para minha vida". A primeira alternativa aparece nos sacramentários do século IX. A oração professa a fé em Cristo nos termos da confissão de Pedro (Mt 16,16) e recorda a ação salvífica que, por meio da morte e da ressurreição, Cristo dá a vida ao mundo, libertando-o do pecado, a partir da vontade do Pai pela ação do Espírito Santo. A segunda oração é de composição mais recente. Ela retoma a advertência do Apóstolo Paulo contra toda a recepção indigna do Corpo e Sangue de Cristo

se fosse possível valorizar o gesto de partir o pão para toda a comunidade e não apenas utilizar as partículas pré-confeccionadas. A partícula deve ser um fragmento, não um inteiro em miniatura. O fragmento pode ter qualquer forma, não simplesmente a redonda, que é forma do inteiro. Nas diferentes formas das partículas recebidas está a nossa diferença que se une para ser um só corpo e um só espírito. O único pão, partido, é oferecido "como fragmento" a cada pessoa, para que haja reconhecimento do corpo de Cristo no Senhor e na Igreja.

A aclamação do Cordeiro deve ser acompanhada pelo nosso olhar ao pão sendo partido e pelo gesto de levantar (*ostendit*) o pão eucarístico partido indicando Jesus, o cordeiro de Deus, aquele que tira o pecado do mundo. É o cordeiro de Deus e não um cordeiro desconhecido como era imolado nas ceias pascais do povo hebreu todos os anos. O Cordeiro de Deus não serve apenas para lembrar da libertação do povo do Egito, mas para livrar de uma opressão maior do que a escravidão na "casa do Faraó", a libertação de estruturas existenciais adoecidas por causa do pecado. O Cordeiro de Deus vem para tirar o "pecado" do mundo, não os "pecados" do mundo. O pecado do mundo não são apenas os pecados que cometemos no dia a dia em nossa caminhada, mas é a decisão livre de não querer ver a Deus, de não se relacionar livremente com Ele. O pecado do mundo, não os singulares atos de desencontro, mas uma estrutura condicional de revolta e de não aceitação do Deus que permanece no meio de nós. Somente e unicamente Ele que salva o seu povo do pecado libertando-o e guiando-o para a verdadeira liberdade.

Toda a comunidade exclama: "Senhor, eu não sou digno de que entreis em minha morada, mas dizei uma palavra e serei salvo". Essa fórmula apareceu antes da comunhão no século X e, com variantes, se firmou no século XI sendo repetida por três vezes. O Missal do Vaticano II manteve a fórmula, dizendo para pronunciar uma única vez, eliminando o gesto de bater no peito e de fazer um sinal da cruz com a hóstia no cálice. É uma profissão de fé na divindade e potência de Cristo e, também, uma profissão

---

(1Cor 11,29). A participação na comunhão é sempre uma ousadia, por isso é preciso pedir a misericórdia do Senhor (Taborda, 2015, p. 141).

de humildade. Como o centurião acreditava que Cristo podia curar o seu servo paralisado, assim nós exprimimos a nossa certeza que Cristo na Eucaristia pode sanar a nossa vida de todas as doenças.

## A comunhão que faz a Igreja

A comunhão faz parte e dá sentido pleno à participação na missa (SC 55), por isso desde os primeiros tempos é chamada também de Ceia do Senhor. É o momento da grande comunhão dos fiéis com Deus, dos fiéis com Cristo, dos fiéis entre si. Esta comunhão, que brota da ação de graças, gera a Igreja (Beckhauser, 2012, p. 125).

A finalidade da Eucaristia é edificar o corpo de Cristo. No augustíssimo sacramento é perfeitamente significada e admiravelmente realizada a unidade do Povo de Deus (LG 11). A formação que necessitamos deve nos educar a redescobrir não somente a objetividade da presença de Cristo na Eucaristia, mas a sua finalidade como momento originário e culminante da vida da Igreja. Eucaristia e Igreja são inseparáveis. Essa é a relação do mistério. A realidade mais sublime do mistério eucarístico é fazer de nós o corpo de Cristo. É aqui que entendemos o jogo de palavras entre "a Igreja faz a Eucaristia e a Eucaristia faz a Igreja". A Eucaristia cria comunhão e educa para a comunhão (EE 40). A Eucaristia é, pois, constitutiva do ser e do agir da Igreja (SaC 15).

Santo Agostinho, em um dos seus discursos sobre o pão eucarístico, propõe a síntese extraordinária do que estamos falando: "sois o que vedes, recebestes o que sois" (Sermão 272). Nessa síntese aparece com clareza o elemento decisivo da consciência teológica eucarística: a unidade entre corpo sacramental e corpo eclesial. A frequência regular do banquete eucarístico renova, fortalece e aprofunda o vínculo com a comunidade cristã à qual pertencemos, segundo o princípio de que a Eucaristia faz a Igreja, unindo todos nós.

Somos nós que nos movemos, caminhamos rumo ao altar em procissão para receber a comunhão, mas na realidade é Cristo que vem ao nosso encontro para nos assimilar a si. Há um encontro com Jesus! Nutrir-se da Eucaristia significa deixar-se transformar naquilo que recebemos. Cada vez que recebemos a comunhão, assemelhamo-nos mais a Jesus, transformamo-nos mais em Jesus. Do mesmo modo que o pão e o vinho são transformados no Corpo e no Sangue do Senhor, assim quantos os recebem com fé são transformados em Eucaristia viva. Enquanto nos une a Cristo, arrancando-nos dos nossos egoísmos, a comunhão abre-nos e une-nos a todos aqueles que são um só nele. Eis o prodígio da comunhão: tornamo-nos aquilo que recebemos! (Francisco, 2018, p. 69).

Quando na Igreja celebramos a Eucaristia, não podemos nos limitar a dizer as palavras de consagração recebidas do Senhor, nem somente a fazer com que outros escutem ou vejam os gestos, mas atualizamos a inteira ação que Jesus realizou na Última Ceia: dar graças, tomar, partir, dar e comer. Se um desses gestos faltar, desvirtua-se a plena participação nesse mesmo sacrifício. Somente a audição das palavras e a visão dos gestos, por melhores que sejam, não são capazes de dar relevância e plenitude ao sacramento.

O rito eucarístico não consiste no dizer "isto é" – de fato, essa é a explicação do rito, não o rito –, mas consiste no fazer memória-imitação de toda a sequência de ações, que se deve descrever como comunhão com o corpo no pão e com o sangue no vinho. Não a substância, mas a circunstância é decisiva. Não o ser, mas o tornar-se é o tema. É o "fazei isto" que permite dizer "isto é", não vice-versa (Grillo, 2019, p. 327). Assim, fica evidente que o coração do evento eucarístico não são as palavras *declarativas* sobre a matéria do pão e do vinho e a sua consequente mudança substancial. O coração da Eucaristia é o acontecimento de uma ação que, ao mesmo tempo, rende culto a Deus e santifica os homens (SC 5).

A Eucaristia constitui o apogeu da obra de salvação de Deus: com efeito, fazendo-se pão partido para nós, o Senhor Jesus derrama sobre nós toda a sua misericórdia e todo o seu amor, a ponto de renovar o nosso coração, a nossa existência e o nosso próprio modo de nos relacionarmos com Ele e com os irmãos. É por isso que geralmente, quando nos aproximamos desse Sacramento, dizemos que "recebemos a comunhão", que "fazemos a comunhão": isso significa que, no poder do Espírito Santo, a participação na mesa eucarística nos conforma com Cristo de modo singular e profundo (Francisco, 2019b, p. 51).

Uma tradição bem recente, perdendo a sua relação com os significados teológicos do sublime sacramento, acentuou devocionalismos centrados no indivíduo, na interioridade e na subjetividade, e subestimou a relação entre rito e fé, sentido sacramental e performativo, caráter objetivo e intersubjetivo. O Movimento Litúrgico buscou repropor de diversos modos a centralidade e a potência da ação ritual para abordar a questão sobre os sacramentos. Esses são "eficazes" não em ocasião dos atos rituais, mas na sua condição de ser ação ritual, ou seja, a ação ritual não é um detalhe para a graça sacramental nem somente a ocasião da graça. Assim, a descoberta da ação ritual, da potência do rito e da sua excedência em relação aos conceitos racionais despertou na Igreja a consciência da liturgia, que colocou a necessidade de uma participação mais ativa e consciente, em que somos convidados a renunciar ao comportamento mudo, estranho, distante e assistencial (SC 48).

Do modo como falamos acima, sem o "fazer isto", o "isto é" perde todo o seu sentido. Sem a comunhão sacramental, intersubjetiva, a objetividade da presença de Cristo perde a sua essência. A comunhão não é simplesmente a consequência da consagração, mas é o rito que segue uma Liturgia da Palavra e uma Liturgia Eucarística, no qual não somente se recebe, mas se torna corpo de Cristo. Por essa razão, comungar é a consequência de um duplo dom do Espírito Santo, aquele que desce sobre os dons do pão e do vinho e aquele que desce sobre os sujeitos celebrantes, reunindo-os em um só corpo. Essa dupla dimensão da *epiclesis* eucarística exige, evidentemente, um contexto mais rico do que o virtual, por melhores que sejam ou tenham sido as iniciativas nessa área, seja em nível de meios bem contemporâneos, seja em nível de intenção pastoral.

A doação feita pelo Senhor nos permite considerar a Eucaristia como convívio fraterno dos discípulos cuja finalidade é participar do sacrifício pascal e perpetuá-lo através das gerações. De fato, Cristo quis ser alimento para todos os convidados e desejou que todos participassem da sua vida divina, como fundamento para o amor fraterno e como edificação para a vida da Igreja. Na ceia, Jesus fez os discípulos compreenderem que sua vida podia ser resumida e continuada na partilha do pão e no dom do cálice. Esse contexto nos permite compreender o sentido pleno e verdadeiro da Eucaristia. Ela não revela simplesmente o marco "objetivo" e "cerimonial" de um núcleo dogmático, mas a continuação do exercício sacerdotal e pascal de Cristo na realidade das pessoas.

Frequentemente se apresenta a Eucaristia como alimento dos anjos, pão do céu para os santos, comida dos regenerados em Cristo, restrita só aos que perfazem um caminho de santidade, só aos que participam da vida íntima da Igreja. A Igreja, no entanto, em sua sabedoria milenar, sempre ensinou que a Eucaristia é também o alimento dos pecadores, daqueles que se mantêm, apesar da força do pecado, na busca permanente da santidade; é o alimento do povo que, pela graça de Deus, procura vivenciar a dignidade batismal (Feller, 2005, p. 84). Embora constitua a plenitude da vida sacramental, a Eucaristia não é um prêmio para os perfeitos, mas um remédio generoso e um alimento para os fracos (EG 47). Na realidade, quem celebra a Eucaristia não o faz porque se considera ou quer parecer melhor do que os outros, mas precisamente porque se reconhece sempre necessitado de ser acolhido e regenerado pela misericórdia de Deus, que se fez carne em Jesus Cristo. Se não nos sentir-mos necessitados da misericórdia de Deus, se não nos sentirmos pecadores, melhor seria não irmos à missa! Nós vamos à missa porque somos pecadores e queremos receber o perdão de Deus, participar na redenção de Jesus e no seu perdão. Naquele pão e naquele vinho que oferecemos, e ao redor dos quais nos congregamos, renova-se a cada vez a dádiva do corpo e do sangue de Cristo, para a remissão dos nossos pecados (Francisco, 2019b, p. 54).

A descoberta da comunhão como rito eucarístico, possível com maior frequência após o desejo expresso pelo Papa Pio X no início do século XX, modificou a prática e a teologia depois da reforma sucessiva ao Concílio Vaticano II. Entretanto, a prática em geral ainda permanece minimalista, sobretudo quando não possibilita a comunhão sob as duas espécies, continua a usar partículas consagradas nas missas precedentes (SC 55) e a utilizar partículas já partidas. Ter acesso a pão e vinho como Corpo e Sangue de Cristo não significa receber "uma espécie imersa na outra", mas ter acesso ao *único pão partido e ao único cálice compartilhado, como mediação do Corpo e Sangue do Senhor*. A reserva eucarística serve para aqueles que não puderam participar da assembleia celebrante, para um momento de adoração fora da missa ou para as celebrações da Palavra com distribuição da comunhão na ausência do presbítero.

152

O tabernáculo (sacrário) teve uma relevância a partir do período medieval e dos projetos sucessivos ao Concílio de Trento e foi colocado no centro do espaço litúrgico. Todavia, a centralidade da Eucaristia está na ação celebrativa e não simplesmente na devoção eucarística. Fazer comunhão com as partículas consagradas anteriormente e guardadas para outra funcionalidade é um vício lógico-racional que deve ser transformado pela compreensão da potência celebrativa e da qualidade sacramental e teológica que acontece no "agora" da celebração. Se a Eucaristia é atuação sacramental da presença viva e atuante de Cristo no aqui e no agora de cada celebração, aproveitar-se das partículas outrora consagradas diminui a expressão celebrativa da ação ritual. É lógico que a presença é a mesma, mas a qualidade ritual da celebração fica desqualificada na sua profundidade e na sua beleza. A comunhão não é uma relação mental e racional, mas corporal e vital. O pão partido e o cálice compartilhado são o sinal mais forte da missa, o grande dom que Cristo ofereceu à sua comunidade nas proximidades da sua morte.

O canto da comunhão "exprime, pela unidade das vozes, a união espiritual dos comungantes, demonstra a alegria dos corações e realça a índole 'comunitária' da procissão para receber a Eucaristia" (IGMR 86). Para alcançar esse objetivo, é necessário que, no momento da partilha do Corpo e Sangue do Senhor, se evite entoar cantos cujos textos apresentem excessivas doses de subjetivismo. Um canto de comunhão que se preze deve expressar a eclesialidade da assembleia celebrante, pois esta também constitui um verdadeiro sinal sacramental do corpo místico de Cristo, a Igreja. Igualmente se deve evitar o uso daqueles hinos eucarísticos que, tradicionalmente, são usados na adoração do Santíssimo Sacramento. Esses hinos são impróprios, pelo fato de ressaltarem apenas a fé na "presença real" de Jesus na Eucaristia e carecerem de outras dimensões do mistério que celebramos (*Hinário litúrgico*, vol. 3, p. 12).

À luz do que evidenciamos até o momento, vislumbramos algumas questões que tocam a nossa práxis. É evidente que teorias frágeis condicionam as práxis, mas, também, como as práxis seculares, condicionam as mentes que pensam e os olhos que veem. Diante disso, é importante pensar nas polêmicas atuais: comunhão nas mãos ou na boca, de joelhos ou em pé. Essas preocupações têm raiz no entendimento da Eucaristia como ato do sujeito, devoção pessoal, independentemente do ato ritual. Tais gestos indicam que eu recebo o corpo de Cristo não para me tornar corpo de Cristo. Ajoelha-se para expressar mais individualmente a devoção privada. A procissão para a comunhão é um ato da assembleia e não qualquer "fila". Ela é marcada por um ritmo adequado que depende do corpo, do canto, do olhar e da luz. Essa deve evocar a participação em um banquete e não a fila indiana de um *self-service*. Se a música é inadequada, o ato de comunhão se perderá em uma devoção privada. Se os ministros entregam a Eucaristia sem respeito ao mistério da assembleia reunida ou com uma pressa fora do compasso litúrgico, tudo se reduz à distribuição e não ao fazer comunhão. O agir não é irrelevante nos sacramentos (Grillo, 2017).

As motivações para as polêmicas são duas: alguns defendem que a comunhão na boca nunca esteve presente na Tradição da Igreja; outros acreditam que nela exista uma falta de respeito ao augusto Sacramento da Eucaristia. A problemática maior e grave é perceber que boa parte dos fiéis estão preferindo afastar-se da comunhão sacramental porque não admitem a comunhão nas mãos.

Afastar-se da comunhão foi uma prática normal do Período Medieval e do Missal de Trento, tendo em vista que bastava a comunhão do sacerdote e a assistência para receber os frutos espirituais da missa ("comunhão vicária"). A reforma litúrgica promovida pelo Vaticano II trouxe a comunhão de volta à assembleia eucarística, pois é somente em seu contexto originário da Ceia do Senhor (devidamente celebrada) que ela encontra e comunica plenamente o seu significado. Para fazer as coisas bem, zelo e boa-fé não são suficientes; faz-se necessário inteligência do que se está fazendo e do porquê se faz. O zelo sem a cabeça cria danos à fé e à própria ação litúrgica. O que está em jogo é a experiência simbólica que se dá na forma ritual, para cuja implementação nenhuma fuga para o passado e nenhum rubricismo são suficientes.

O afastamento da comunhão acontecia pelo fato, sem dúvida, verdadeiro, da presença de Deus, diante do qual todos deveriam ajoelhar-se em ato de adoração. O reconhecimento da fascinante presença de Deus foi consolidando outras práticas diante do sacramento – além da comunhão na boca e de joelhos, apareceram as pequeníssimas hóstias a fim de não criar qualquer mínimo fragmento e perdê-lo; o aparecimento da "patena" de comunhão para os comungantes; a toalha posta sobre a balaústra, pois somente o sacerdote podia tocar no pão consagrado e com os dedos nada podia tocar antes da ablução; as meticulosas normas em relação às eventuais quedas das espécies consagradas; a recomendação de lavar a boca após a comunhão para prevenir o contato com comidas e a rejeição das sagradas espécies por meio da tosse ou do espirro. Junto a essas práticas, afirmou-se o uso particular da comunhão fora da missa, apareceram os grandes ostensórios, os tronos, a importância da exposição, procissões, benções, genuflexões, o altar colocado na abside, a elevação da hóstia na hora da missa, a dramatização da Liturgia Eucarística... Tudo era pensado para que o fiel pudesse exprimir todos os sentimentos e toda devoção ao corpo de Cristo. Diante dessas perspectivas, o devocionalismo fez aumentar os escrúpulos, a ponto de o padre ser praticamente o único comungante das missas assistidas pelo povo. A missa se tornou a oferta do padre e os fiéis estavam convencidos de serem demasiado indignos para se aproximarem do sacramento.

Nos primeiros séculos, a decisão sobre a forma da comunhão eucarística ficava por conta da autonomia dos comungantes. Podia-se receber o pão consagrado nas mãos, o vinho consagrado diretamente do cálice e de pé. Tais práticas são supostas, por exemplo, por Tertuliano, Cipriano e Cirilo de Jerusalém. Este último assim afirma: "Quando te aproximares para receber o Senhor, não o faças com os braços soltos e com os dedos abertos, mas faça da tua mão esquerda o trono para a tua mão direita, pois nesta receberás o Rei, e na alma recebes o corpo de Cristo, dizendo: Amém". Do mesmo modo se expressa Teodoro de Mopsuestia: "Estende-se a mão direita para receber a oblação que será dada, mas abaixo dessa se coloca a mão esquerda e, com isso, demostre uma grande reverência". Somente a partir do Período Medieval, entre os séculos IX-X, deu-se início a uma nova práxis: a comunhão na boca. O *ordo* IX, 42 diz que o bispo deve dar a comunhão nas mãos para os presbíteros; o *ordo* X, 59, 60, também para os diáconos, mas para os subdiáconos na boca. A partir daqui conclui-se que a forma se deveria estender para todos os fiéis (Raffa, 2003, p. 566).

Então, a maioria dos fiéis não comungavam com frequência, recebendo o corpo de Cristo ao menos uma vez ao ano. Com a comunhão espiritual, a *adoratio* ocupou o lugar da *manducatio*: a hóstia consagrada deixa de ser alimento para se tornar relíquia, amuleto, objeto mágico. As disposições do IV Concílio Lateranense (1215) de se comungar ao menos uma vez por ano, por ocasião da Páscoa, confirmam esse afastamento dos fiéis, deixando aberto o caminho para a comunhão espiritual. Os próprios diretores espirituais desencorajavam a prática da comunhão frequente. A devoção à Eucaristia era uma viva alternativa à celebração eucarística. A teologia eucarística se tornou a teologia da presença de Cristo e ofuscou importantes aspectos, como a perspectiva histórico-salvífica e a dimensão eclesial. A comunhão passou a ser considerada mais em si mesma do que em sua finalidade. Passou-se a observar mais o "isto é" do que o "fazei isto".

A incorporação em Cristo, realizada pelo Batismo, renova-se e consolida-se continuamente mediante a participação no sacrifício eucarístico, sobretudo na sua forma plena que é a comunhão sacramental (EE 22). A eficácia salvífica do sacrifício realiza-se plenamente na comunhão, ao recebermos o corpo e o sangue do Senhor. O sacrifício eucarístico está particularmente orientado para a união dos fiéis com Cristo por meio da comunhão: recebemo-lo a Ele mesmo que se ofereceu por nós, o seu corpo entregue por nós na cruz, o seu sangue "derramado para a remissão dos pecados". *A Eucaristia é verdadeiro banquete*, em que Cristo se oferece como alimento. A primeira vez que Jesus anunciou esse alimento, os ouvintes ficaram perplexos e desorientados, obrigando o Mestre a insistir na dimensão real das suas palavras: "Em verdade, em verdade vos digo: se não comerdes a carne do Filho do Homem e não beberdes o seu sangue, não tereis a vida em vós" (Jo 6,53). Não se trata de alimento em sentido metafórico, mas "a minha carne é, em verdade, uma comida, e o meu sangue é, em verdade, uma bebida" (Jo 6,55). Quem se alimenta de Cristo na Eucaristia não precisa esperar o Além para receber a vida eterna: já a possui na terra, como primícias da plenitude futura, que envolverá o homem na sua totalidade (EE 16-18).

Na eucaristia, chega a seu cumprimento a ânsia humana de encontrar Deus. Nela encontramos o Cristo vivo. O encontro com Deus não é fruto de uma individual busca interior d'Ele mas é um acontecimento dado: podemos encontrar Deus pelo fato novo da Encarnação que na Última Ceia chega ao extremo de desejar ser comido por nós (DD 24). Nesse encontro experimentamos a bondade e a misericórdia de Deus, que nos concede cura e salvação como médico de corpo e alma. Não teríamos tido outra possibilidade de um verdadeiro encontro com Ele a não ser a daquela comunidade que celebra. Por isso, a Igreja sempre guardou como o seu tesouro mais precioso o mandato do Senhor: "fazei isto em memória de mim" (DD 8). Assim, a finalidade da eucaristia é a nossa transformação: *"Quando te domina o cansaço e já não puderes dar um passo; quando o bem ao mal ceder e tua vida não quiser ver um novo amanhecer – Levanta-te e come, levanta-te e come".*

## *A oração que tudo sintetiza*

Depois que todos receberam a comunhão e o canto terminou, segue um momento de oração silenciosa (IGMR 88). Após a comunhão, o silêncio, a oração silenciosa, ajuda-nos a conservar no coração o dom recebido (Francisco, 2018, p. 70). Esse silêncio é semelhante ao silêncio que segue à leitura da Palavra de Deus. Um silêncio profundo que não apenas contempla o mistério ouvido na Palavra, mas que vivencia o mistério penetrado no coração. É a acolhida da vida de Cristo, a participação no banquete eterno, a festa das núpcias do cordeiro.

A Igreja em oração pede que o Sacramento gere frutos em nós e que permaneçamos fiéis ao que recebemos. O formulário é riquíssimo e contém uma verdadeira teologia da Eucaristia. As Constituições Apostólicas previam uma longa oração depois da comunhão, em que o bispo rendia graças a Deus pelo dom da Eucaristia e suplicava por todos. Não se sabe quando foi introduzida na missa romana. No entanto, os sacramentários a partir do Veronense a preveem regularmente.

Toda a referência à Eucaristia na oração pós-comunhão é sintética. Não é uma ação de graças, ao menos na regra geral, mas um pedido para que os frutos da celebração eucarística da qual a assembleia participou mediante a comunhão sejam visíveis como força, remédio e convívio. Temos uma nova epiclese de comunhão. Essa oração, justamente porque prolonga o aspecto convivial, apresenta diversas vezes os termos pão, alimento, nutrimento espiritual, unidade, medicina, cura, purificação dos pecados, força para o caminho e pedido de vida eterna. O fruto da comunhão com o Senhor estabelece a *comunnio* dos cristãos entre si e capacita para a comunicação espiritual entre cristãos. A *comunnio* nos torna capazes de amar, pois a comunhão eucarística é experiência de fé sobre a proximidade e o amor de Deus. A Eucaristia nos revigora a fim de darmos frutos de boas obras para vivermos como cristãos e dá vitalidade ao crescimento da Igreja. A fórmula supõe que a comunhão tenha sido feita sob as duas espécies.

Essa oração, na sua estrutura, é bem semelhante à oração coleta (oração do dia), que encerra os ritos introdutórios e introduz no mistério do dia, e à oração sobre as oferendas, que conclui o rito de apresentação dos dons para entrar na grande oração de ação de graças com os corações ao alto. O sentido é diverso, pois encerra o rito de comunhão. Em cada celebração, a comunidade renova sua aliança e seu compromisso com aquele que celebrou, ou melhor, com o próprio Cristo e o seu estilo de vida.

# VII
# Ritos finais

Este será o capítulo mais breve de todo o livro. Mesmo que curto, este capítulo é em certo sentido o maior, pelo modo como abre a nossa vida à realidade do mundo. Ele sintetiza a nossa vida depois da missa. A liturgia não elabora significados, mas significantes. Coloca-nos no fluxo da palavra, no intercâmbio de dons, na beleza da música e na alternância entre linguagem verbal e não verbal, palavras e silêncios. Nessa experiência corpórea, Cristo e a Igreja se encontram e se reconhecem. A seriedade está na ação ritual, que, por isso, deve terminar e não durar muito.

A vida é marcada pela missa não apenas quando nos deixamos atravessar pela linguagem, conteúdo, código, mas também pelos sons, gestos, símbolos e pausas. Aprender a gramática do celebrar cristão, profundamente renovada há 60 anos, é um trabalho que envolve muitas gerações e nos coloca na prova de um aprendizado sóbrio e coerente. A nossa geração deve conquistar novas evidências da celebração eucarística, deixando cair os antigos devocionalismos para entrar na dinâmica das orações e das preces.

Se nos Ritos Iniciais fomos convocados para estar com o Senhor e com a comunidade, nos ritos finais somos enviados em missão para sermos, na sociedade e no mundo, sacramento de unidade e salvação, mensageiros de paz, justiça, solidariedade, alegria e transformação (LG 1). Todas as últimas ações do rito da missa são marcadas por registros não verbais: beijo, inclinação e movimentos. Como iniciou, a missa termina. Dessa forma, há uma estrutura paralela entre os Ritos Iniciais e os ritos finais na missa:

Entrada + canto

Reverência ao altar

Beijo no altar

Sinal da cruz

Saudação aos fiéis

Palavras de introdução

Palavras de conclusão e avisos

Saudação aos fiéis

Benção com o sinal da cruz e envio

Beijo no altar

Reverência ao altar

Saída + canto

A missa, entendida como sequência ritual, tem um fim, mas o render graças não termina. A ação ritual, exatamente porque é um processo iniciático, deve ter um início e um fim. Graças à Eucaristia, o povo de Deus pode sentir a força e a coragem para continuar a missão de Jesus no dia a dia da vida, fazendo da vida pessoal e social uma verdadeira história de salvação. A Eucaristia nos envia para levarmos o Cristo à nossa vida cotidiana, para transformarmos de maneira cristã o mundo e modificá-lo para melhor. Com isso, esclarece-se a designação popular da celebração eucarística na Igreja: "missa". Um termo que deriva da conclusão litúrgica: *ite, missa est*. A palavra conclusiva da missa não é tanto uma despedida, mas um envio.

A Igreja oferece ao mundo não somente uma mensagem, uma palavra ou uma opinião sobre a vida, mas Cristo, o Filho eterno do Pai, na carne viva dos seus membros. A celebração eucarística é "fonte e cume da vida cristã" (LG 11) e "fonte e cume de toda a pregação evangélica" (PO 5). Somente dessa fonte pode brotar toda a renovação do ser cristão e a tão desejada reforma da Igreja. É urgente fazer com que a abundância dessa fonte seja mais bem aproveitada para a nossa espiritualidade, vida e ação. A Eucaristia é o que é porque o Senhor ressuscitado está presente com seu corpo transfigurado na figura do pão e do vinho e nos transforma em sua presença para a vida eterna, conduzindo-nos assim a uma vida plena e realizada. Com isso, entendemos que a lógica cristã é uma lógica eucarística no sentido ritual e existencial. O Espírito está presente, seja na forma do rito, seja na forma da vida.

Cada vez que saio da missa, devo sair melhor que quando entrei, com mais vida, com mais força, com mais vontade de dar testemunho cristão. Mediante a Eucaristia, o Senhor Jesus entra em nós, no nosso coração e na nossa carne, a fim de podermos exprimir na vida o sacramento recebido na fé. Portanto, *da celebração à vida*, conscientes de que a missa tem o seu cumprimento nas escolhas concretas de quem se deixa comprometer pessoalmente nos mistérios de Cristo (Francisco, 2018, p. 73). Na verdade, aumentando a nossa união a Cristo, a Eucaristia atualiza a graça que o Espírito nos concedeu no Batismo e na Confirmação, a fim que o nosso testemunho cristão seja credível (CIgC 1391-1392).

A alimentação semanal e, por vezes, diária, da Eucaristia e, com ela, da Escritura aponta para um outro mundo possível: o mundo da fraternidade, da solidariedade e da paz. O alimento cotidiano desses dois pães forja a consciência e molda a existência de seus participantes semanais. Repetir assiduamente os mesmos gestos de adoração e louvor a Deus, de saudação e paz aos irmãos na fé, de agradecimento e oferta pelos dons da natureza, simbolizados no pão e no vinho, de procissão de ingresso, de comunhão e envio, de entrega, confiança e abandono da própria vida a Alguém maior que o nosso coração é dispor-se a uma reorganização e restauração contínua do próprio eu, em vista da comunhão interpessoal e da transformação da história. O ato de receber repetidamente a Eucaristia e a Escritura dispõe o fiel a tornar-se, ele mesmo, Eucaristia e Escritura para os irmãos, a deixar-se consumir na entrega de sua vida, de seu corpo e de seu espírito, de sua agenda e de seus interesses, em favor da fraternidade. A abertura dos olhos e dos ouvidos e de todos os sentidos para ver, ouvir, cheirar, degustar e tocar os mistérios da fé celebrados por Cristo, que se revela ao mesmo tempo sacerdote, altar e cordeiro, torna os fiéis capazes de imitar o Cristo no martírio cotidiano da luta pela vida. A escuta frequente do "tomai e comei" e do "tomai e bebei" de Jesus impele os fiéis a repetirem esse mandamento e esse gesto na partilha de seu pão com os necessitados (Feller, 2005, p. 92).

A valorização dos ritos finais e a sua profunda compreensão é possível quando descobrimos toda a sequência ritual da missa e, sobretudo, quando passamos a focar o primado da prática. A prática própria da Eucaristia é a comunhão; como vimos, o "isto é" somente pode existir em razão do "fazei isto". No momento em que a comunhão retorna a ser pensada como "rito da missa", que requer a participação por parte de todo o povo, o significado da Eucaristia implica – ainda uma vez – uma experiência que supera as noções polarizadas de substância/espécie e de essência/uso.

A comunhão é o ponto culminante da missa; ela está toda orientada para o momento em que Cristo se dá efetivamente aos seus irmãos e suas irmãs, atraindo-os em sua passagem pascal, nutrindo-os e introduzindo-os na vida trinitária. É pela comunhão eucarística que a Igreja se constrói em profundidade.

O Missal Romano introduz uma forma fundamental da missa que estrutura a forma da Eucaristia em quatro ações de Cristo e da Igreja: *accepit* (tomou), *gratias egit* (deu graças), *fregit* (partiu) e *dedit* (deu), isto é, a Igreja atualiza as quatro ações como apresentação dos dons, da oração eucarística, da fração do pão e da comunhão. O acontecimento eucarístico não se reduz a proferir as palavras sobre a matéria do pão e do vinho para mudá-las substancialmente, mas trata-se de participar de um acontecimento em ação que atravessa a história e a estrutura da assembleia dos fiéis, proclama a palavra dentro de um espaço e um tempo real (Carra, 2017, p. 210). Graficamente, podemos apresentar uma experiência clássica e muito difundida da Eucaristia (Grillo, 2019, p. 400).

Como vemos, toda a sequência inicial da missa tem como foco a valorização da consagração. O pico de manifestações devocionais e de atenção deve estar todo voltado para esse único momento. Ao contrário, se considerarmos que o processo ritual como um todo litúrgico é essencial para o sacramento, vamos valorizar a comunhão e o envio como partes essenciais da missa.

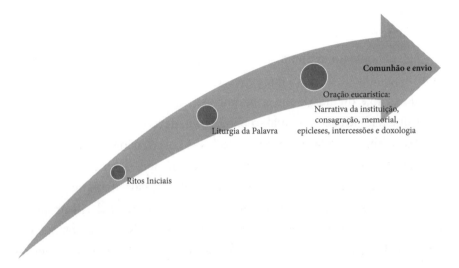

O corpo de Cristo não é simplesmente o que encontramos na Eucaristia, mas o que nos tornamos com a Eucaristia. Tornar-se corpo de Cristo na vida cotidiana e no mundo é o ponto de chegada de toda a sequência ritual da missa. Dizendo isso não estamos desvalorizando o modelo clássico que tinha o seu ponto de chegada na consagração, mas estamos valorizando que o sentido da consagração é fazer de nós um só corpo e um só espírito. O itinerário percorrido nunca teve o interesse de "dizer coisas diferentes" ou "contrárias" aos conteúdos clássicos dos tratados sobre a Eucaristia, mas procurou valorizar toda a ação ritual do encontro de Cristo com a sua Igreja. O conhecido texto dos discípulos de Emaús nos mostra claramente este caminho: encontro, escuta da Palavra, fração do pão, experiência alegre e anúncio comovedor.

O alegre anúncio missionário do Ressuscitado é significado na vivência de uma espiritualidade eucarística, em que somos convidados a descobrir a beleza do ser eucaristizado. Todavia, não somente devemos ser convidados a ser eucarísticos, mas plenamente eucaristizados e transformados naquilo que recebemos. De fato, a participação contínua à mesa da Eucaristia e, antes e junto com ela, à mesa da Escritura tem como efeito a transformação da vida do fiel. Se não nos tornamos o que recebemos, continuaremos a nos "empanturrar" na mesa do Senhor, enquanto muitos, dela, nem sequer podem passar por perto. Não somos todos irmãos? Por que uns comem demasiadamente e outros nem sequer passam perto? Penso que ainda estamos diante da mesma questão que São Paulo fazia aos Coríntios (1Cor 11).

Nesse contexto, a dinâmica sacramental do ser eucaristizado não toca tanto a quantidade de vezes que eu recebo ou não o corpo do Senhor ou com que devoção e dignidade me aproximo do sacramento do altar, mas quer dizer que a lógica sacramental, o paradigma, deveria ser o modo como eu me movimento na vida em respeito a todas as coisas, não somente a uma ou outra, não somente dentro de um espaço e um tempo. O ser eucaristizado é o ato de se apropriar conformemente do Senhor ressuscitado que nos toca nos sinais da sua presença. Por conseguinte, é importante clarificar que na Eucaristia não estamos somente na presença de sinais e símbolos que nos remetem à presença do Senhor ou nos fazem pensar, contemplar e adorar essa presença; na Eucaristia estamos na presença daquele que nos fala e nos toca de forma inteligente nos sinais da sua presença.

Para levar uma vida eucaristizada não é suficiente participar ativamente da missa, nem consiste propriamente em passar longas horas devocionais diante do Sacramento Santíssimo. Levar uma vida eucaristizada é transformar toda a vida numa constante ação de graças. No fundo, trata-se de, como Cristo, ser corpo dado e sangue derramado pelo próximo e pela vida do mundo; trata-se de dar a vida, viver de modo novo o mandamento e a caridade pedida por Cristo. A bondade e a beleza de Jesus Cristo, o bom Pastor, devem refletir-se nos rostos e nas vidas transfiguradas daqueles que foram educados para participarem da Eucaristia.

A oração litúrgica ensina ao cristão o que pedir. Três pedidos são os mais constantes: a unidade, a paz e a perfeição no amor. Na OE IV, pedimos: "e, a fim de não mais vivermos para nós, mas para ele, que por nós morreu e ressuscitou, enviou de vós o Espírito Santo, como primeiro dom aos vossos fiéis para santificar todas as coisas, levando à plenitude a sua obra". Na OE sobre a Reconciliação I, rezamos: "Fazei que, sempre mais dócil ao Espírito

Santo, se coloque aos serviço de todos. Ajudai-nos a trabalhar juntos na construção do vosso reino, até o dia em que, diante de vós, formos santos com os vossos santos". Na OE sobre a Reconciliação II, oramos: "Vosso Espírito Santo move os corações, de modo que os inimigos voltem à amizade, os adversários se deem as mãos e os povos procurem reencontrar a paz. Sim, ó Pai, que a busca da Paz vença os conflitos, que o perdão supere o ódio, e a vingança dê lugar à reconciliação".

Ainda, nas orações eucarísticas para as diversas circunstâncias, suplicamos: "Fazei que todos os membros da Igreja, à luz da fé, saibam reconhecer os sinais dos tempos e empenhem-se de verdade no serviço do evangelho. Tornai-nos abertos e disponíveis para todos, para que possamos partilhar as dores e as angústias, as alegrias e as esperanças, e andar juntos no caminho do vosso reino"; "Dai-nos olhos para ver as necessidades e os sofrimentos dos nossos irmãos e irmãs; inspirai-nos palavras e ações para confortar os desanimados e oprimidos; fazei que a exemplo de Cristo e seguindo o seu mandamento nos empenhemos lealmente no serviço a eles. Vossa Igreja seja testemunha viva da verdade e da liberdade, da justiça e da paz, para que toda a humanidade se abra à esperança de um mundo novo".

Mais do que qualquer outra eucologia, a do Missal Romano educa o cristão à simplicidade e à essencialidade na oração. Por isso, hoje mais do que nunca, precisamos não só de educação ao rito, mas de voltarmos a ser educados pelo rito, pela sua verdade e sua inteligência. A essencialidade leva àquele que reza a não se dissipar, ou seja, a não se fragmentar. Os textos litúrgicos testemunham com simplicidade, brevidade e essencialidade o ponto de chegada da oração cristã. Uma oração incessante e breve faz com que a existência do cristão se torne um sacrifício de louvor. Quando o texto da liturgia são assimilados e compreendidos tornam expressão do mistério celebrado e que deve ser continuado na vida quotidiana. Aquele que desce à profundidade do texto litúrgico ali permanece, se torna homem e cristão profundo, pois a liturgia não diz "eu", mas sempre "nós".

# Conclusão
# O homem da liturgia

Celebrar a missa quer dizer interromper a movimentação e os afazeres do dia a dia para refletirmos sobre o que é importante na nossa vida, o que nela é fundamental e consistente. Na celebração dominical da eucaristia tomamos consciência do porquê e do para que vivemos. Não a partir de nós, e não para nós. Cada domingo nos reunimos para louvar e agradecer a Deus por ter nos dado Jesus Cristo como caminho, verdade e vida. Cada domingo é uma pequena festa de Páscoa. Assim, quando celebramos a missa ela não deve ser um evento rígido e triste, mas uma celebração alegre e vital. A liturgia nunca é meio para um fim, mas é um fim em si mesma. Ela serve à glorificação de Deus e, com isso, à redenção das pessoas (Kasper, 2006, p. 17-18).

Quando a celebração litúrgica, com os seus textos, cantos, ritos, linguagem e símbolos, perde o contato com as pessoas, ela se torna cada vez menos comunicativa e incapaz de nutrir a vida espiritual dos fiéis. Desta forma, enquanto a liturgia se transforma em uma sequência ritual da qual os fiéis participam por hábito ou segundo as tradições, a vida espiritual dos fiéis acaba necessariamente por alimentar-se de outras fontes, menos genuínas do que as litúrgicas, e corre o risco de ser identificada exclusivamente com outros tipos de celebração, que constituem "deuses" substitutos, sem dúvida, muito menos significativos do ponto de vista teológico e místico, embora muito mais expressivos do ponto de vista emocional e devocional (Paternoster, 2005, p. 29).

A espiritualidade litúrgica é um ato vital ou uma forma de vida cristã baseada na conformação e identificação com Cristo, iniciada no Batismo e na Confirmação e continuamente alimentada pela plena participação na Eucaristia, nos sacramentos e na oração da Igreja, dentro do contexto fundamental do ano litúrgico. Sendo assim, a espiritualidade não deve ser entendida em oposição ou em competição com outras espiritualidades, mas sim como substrato comum de toda espiritualidade cristã tal como é expressa pela Igreja em sua liturgia (Augè, 1992, p. 302). A liturgia é a meta para a qual se encaminha a ação da Igreja e a fonte de onde promana toda a sua força (SC 10).

A vida espiritual, liturgicamente orientada, nasce da celebração vivida. Nesse sentido, hoje é preciso aprofundar a inter-relação insubstituível entre a fé professada (*lex credendi*), a fé celebrada – a ação ritual (*lex orandi*) e a fé vivida, refletida, testemunhada e transmitida (*lex vivendi*), pois muitas vezes não sabemos aproveitar ou dar continuidade ao rito celebrado e a participação ao Mistério eucarístico-litúrgico na vida quotidiana. Desse modo, necessitamos viver a espiritualidade a partir de um compromisso fora da ação ritual, mas ao mesmo tempo continuando à ação ritual. A liturgia é uma responsabilidade para a Igreja de hoje. A pergunta decisiva não é antes de tudo como os fiéis vivem a liturgia, mas se eles vivem da liturgia que celebram.

A Liturgia é vida e não uma ideia a ser compreendida. A liturgia tem a intenção de transformar o modo de pensar e de se comportar e não somente de enriquecer às ideias sobre Deus. A celebração não é antes de tudo uma doutrina a compreender ou um rito a realizar; naturalmente, é também isso, mas de outra maneira, ela é nascente de vida e de luz para a nossa caminhada de fé. Ela forma, conforma, plasma e modela o crente. A liturgia possibilita à entrada e à permanência no mistério de Deus para que o celebrante leve esse próprio mistério a todos. Dessa maneira, na oração litúrgica experimentamos a comunhão representada não a partir de um pensamento abstrato ou se um sentimento individual, mas pela ação que tem Deus e nós como agentes, Cristo e a Igreja (Francisco, 2017).

Para os ministros e para todos os batizados, a formação litúrgica neste seu primeiro significado não é algo que se possa pensar adquirir de uma vez por todas: dado que o dom do mistério celebrado supera a nossa capacidade de conhecimento, este compromisso deverá certamente acompanhar a formação permanente de cada qual, com a humildade dos pequenos, atitude que abre ao assombro (DD 38).

Com efeito, para ser historicamente verdadeira e culturalmente eficaz, a liturgia deve encarnar-se nos diversos contextos socioculturais do homem que vive no tempo, aprendendo a falar a sua língua, a acolher os seus gestos e a exprimir-se com os seus ritos. Portanto, se quisermos que a celebração do Mistério Pascal de Cristo possa exprimir o sentido teológico e transcendente dos seus ritos, devemos prestar mais atenção ao homem e à sua cultura. Do contrário, sem interlocutor, a liturgia se transforma em uma sequência ritual, ultrapassada do ponto de vista teológico, por sua natureza arqueológica, e completamente insignificante, do ponto de vista cultural, por estar exposta a todos os riscos do formalismo e sentimentalismo religioso (Lapoint, 1981, p. 79-96).

A reflexão litúrgico-sacramental não pode se limitar, portanto, a registrar a vitalidade do passado e a realidade do presente. Precisamos estar comprometidos para conseguir alcançar os sinais de transformação sempre em ato na história e intuir qual a perspectiva de transformação. Hoje, não basta dizer que quando celebramos a liturgia fazemos memória atualizada do Mistério Pascal de Cristo, pois dizer isso talvez seja manter (voltar) o objetivismo abstrato dos tempos remotos. Redescobrindo a centralidade antropológica da liturgia, precisamos acreditar que é por meio dos mecanismos humanos e da alteridade temporal da existência que o Mistério Pascal atinge e revela o seu aspecto salvífico mais profundo e atualizado.

A atuação da graça sacramental acontece no espaço-tempo totalmente humano e totalmente divino da celebração litúrgica. Como não acontece sacramento sem Cristo e sem a Igreja, não existe sacramento sem um concreto ato ritual que envolve o homem concreto em uma condição antropológica concreta. Para redescobrir o gênero ritual do sacramento, é preciso renunciar à oposição entre teologia e antropologia, revelação de Deus e resposta do homem. Diante dos desafios lançados pelos movimentos atuais, não podemos somente desenvolver uma postura defensiva de estilo apologético, mas uma atitude pedagógica, sobretudo dando atenção ao corpo, ao movimento, à expressão, ao jogo e à festa.

A *Sacrosanctum Concilium* lembra-nos que as categorias de interpretação teológica não são o único lugar para a compreensão da Eucaristia, que essencialmente pode ser considerada "nos seus ritos e nas suas orações"

(SC 48). O itinerário que percorremos não teve o interesse de contrariar os conteúdos clássicos dos tratados sobre a Eucaristia, mas de apresentar uma nova linguagem do celebrar e do participar ativamente. É importante tomarmos consciência de que as teorias que temos não dão respostas suficientes para a questão sobre "o que é" a Eucaristia.

O fato do sacramento não é um rito em que se muda um ente espacialmente situado, mas é o processo em que uma forma realiza no tempo histórico uma ação mediadora com o pão e o vinho, articulado na ceia em ações interativas entre aquele que preside a celebração, os dons oferecidos e os participantes. É o processo ritual como um todo litúrgico que é essencial para o sacramento. Toda essa riqueza não está longe de nós: está nas nossas igrejas, nas nossas festas cristãs, na centralidade do domingo, na força dos sacramentos que celebramos. A vida cristã é um contínuo caminho de crescimento: somos chamados a deixar-nos formar com alegria e na comunhão (DD 62).

O vínculo existente entre a *lex orandi* e a *lex credendi* encontra no missal a sua fonte e o testemunho eclesial. A *lex orandi*, compreendida a partir do seu conteúdo escriturístico e evangélico, indica a via da *lex credendi*, da justa maneira do crer (De Clerck, 2000, p. 71). O amém litúrgico é, por assim dizer, a profissão de fé mais perfeita e verdadeira. É a atestação do crer e do desejar praticar aquilo que se reza, ou melhor, do viver o que se celebra. Quem vivencia a oração litúrgica, graças ao encontro real com Cristo torna-se também cada vez mais, pouco a pouco, belo e melhor. A bondade e a beleza de Jesus Cristo, o bom Pastor (Jo 10,11-14), passam a refletir-se nos rostos e nas vidas transfiguradas dos participantes da Eucaristia. De fato, a participação contínua à mesa da Eucaristia e, antes e junto com ela, à mesa da Escritura, tem como efeito a transformação da vida do fiel. O ato de receber a Eucaristia e a Escritura nos dispõe a ser eucaristia e escritura para os irmãos, a nos consumir na entrega da vida, do corpo e do espírito, da agenda e dos interesses, em favor da fraternidade.

A Eucaristia, como memorial, sacramento e celebração, reúne aspectos fundamentais da vida humana: a refeição em comum, o alimento, a celebração, a relação social e fraterna, o jogo e a festa, a união com o Deus da vida. Ela é o compêndio da fé cristã, o núcleo e o eixo da vida cristã, pois a Igreja celebra a Eucaristia como fonte e cume de sua vida. Vivenciar, compreender e celebrar o mistério da Eucaristia na sua integridade é um processo de educação ritual e espiritual de toda a vida para cada fiel individualmente e para toda a Igreja. A comunhão vivida com o Senhor eucarístico faz crescer a comunhão vertical com Deus e intensifica a comunhão horizontal entre nós.

O missal estabelece a autêntica relação entre o que se reza, aquilo que se conhece e o que se vive. As últimas gerações encontram dificuldade nessa relação. Muitos querem conhecer as rubricas do rezar e se distanciam da consequência do rezar. Parece que os objetivos não são comuns. É necessário para a qualidade da expressão cultual estabelecer a autêntica relação do rezar com o viver. Sem a oração na liturgia da Igreja, a vida do cristão desvia-se para o individualismo da fé e desvirtua-se do conteúdo do mistério celebrado, a vida doada do próprio Cristo. Sem a liturgia, a fé torna-se gnose, ideologia, estudo e razão. Não devemos esquecer que celebramos a Eucaristia para aprender a *tornar-nos homens e mulheres eucaristizados,* permitindo com que as nossas obras, pensamentos e sentimentos, escolhas e decisões sejam as do próprio Cristo. Por fim, participar na Eucaristia *engaja-nos em relação aos outros, de maneira especial aos pobres,* educando-nos a passar da carne de Cristo para a carne dos irmãos, onde Ele espera ser por nós reconhecido, servido, honrado e amado. Passamos, desse modo, do texto escrito para a ação orante expressa na quotidianidade da fé professada.

Que a nossa inteligência, iluminada pelo Espírito da Verdade, acolha com o coração puro e liberto a glória da Eucaristia que se irradia pelo céu e pela terra; e perscrute, com o olhar interior, o sentido das palavras do Senhor, ao falar na iminência de sua Paixão: "Fazei isto em memória de mim".

# Referências

AUGÈ, M. *Liturgia*. Milão: San Paolo, 1992.

AUGÉ, M. *Espiritualidade litúrgica – "Oferecei vossos corpos em sacrifício vivo, santo, agradável a Deus"*. São Paulo: Ave-Maria, 2002.

BECKHAUSER, A. *A liturgia da missa: teologia e espiritualidade da Eucaristia*. Petrópolis: Vozes, 2012.

BENEDITO, A. *A sacramentalidade da Palavra de Deus: uma aproximação entre a mistagogia de Ambrósio de Milão e a Constituição Sacrosanctum Concilium*. São Paulo: Paulus, 2022.

BENTO XVI. *Exortação Apostólica Sacramentum Caritatis*. São Paulo: Paulinas, 2007.

BELLI, M. *Sacramenti tra dire e fare* – Piccoli paradossi e rompicapi celebrativi. Bréscia: Queriniana, 2018.

BIFFI, I. *Liturgia, sacramentos, festas*. Petrópolis: Vozes, 2022.

BISCONTIN, C. *Pregar a palavra: a ciência e a arte da pregação*. Brasília: CNBB, 2015.

BONACCORSO, G. *Celebrare la salvezza: lineamenti di liturgia*. Pádua: Messaggero, 2003.

BOROBIO, D. *Celebrar para viver: liturgia e sacramentos da Igreja*. São Paulo: Loyola, 2009.

BOSELLI, G. *O sentido espiritual da liturgia*. Brasília: CNBB, 2014.

BUYST, I. *Liturgia de coração: espiritualidade da celebração*. São Paulo: Paulus, 2007.

BUYST, I. *A missa*. São Paulo: Paulinas, 2008.

BUYST, I. *O segredo dos ritos: ritualidade e sacramentalidade da liturgia cristã*. São Paulo: Paulinas, 2011.

CANTALAMESSA, R. *O mistério da Ceia*. Aparecida: Santuário, 2006.

CAPRIOLI, A. Liturgia: luogo educativo e rivelativo della fede. *Rivista Liturgica*, Pádua, vol. 90, n. 2-3, p. 289-302, mar./jun. 2003.

CARRA, Z. *Hoc facite: studio teologico-fondamentale sulla presenza eucaristica di Cristo*. Assis: Cittadella, 2017.

CARVALHO, H. *Missa: celebração do Mistério Pascal de Jesus*. São Paulo: Paulus, 2014.

CECHINATO, L. *A missa parte por parte*. Petrópolis: Vozes, 1979.

CENTRO NACIONAL DE PASTORAL LITÚRGICA. *A arte de celebrar: guia pastoral*. Brasília: CNBB, 2015.

CHAUVET, L. "Sacrifício": uma noção ambígua no cristianismo. *Concilium*, vol. 352, n. 4, p. 11-22, 2013.

CNBB. *Hinário litúrgico*. Vol. 3. Brasília: CNBB.

CONGREGAÇÃO DO CULTO DIVINO. *Instrução geral do missal romano e introdução ao lecionário*. Brasília: CNBB, 2016.

DE CLERCK, P. Lex orandi, lex credendi. Un principe heuristique. *La Maison-Dieu*, Paris, v. 222, 2000.

DE ZAN, R. *Os múltiplos tesouros da única Palavra: introdução ao lecionário e à leitura litúrgica da Bíblia*. Petrópolis: Vozes, 2015.

DRISCOLL, J. *Cosa accade nella messa*. Bolonha: Dehoniana, 2006.

FALSINI, R. *Gesti e parole della Messa: per la comprensione del mistero celebrato*. Milão: Ancora, 2013.

FELLER, V. Eucaristia e Reino de Deus. *Encontros Teológicos*, vol. 2, n. 41, p. 84-104, 2005.

FERRARI, M. *Oração eucarística: uma obra reaberta pelo Concílio*. Brasília: CNBB, 2022.

FRANCISCO. *Carta Encíclica Lumen Fidei*. Brasília: CNBB, 2013.

FRANCISCO. *Carta Encíclica Laudato Si'*. Brasília: CNBB, 2015a.

FRANCISCO. *Exortação Apostólica Evangelii Gaudium*. Brasília: CNBB, 2015b.

FRANCISCO. *Discurso aos participantes na 68ª Semana Litúrgica Nacional de 24 agosto 2017*. Disponível em: https://www.vatican.va/content/francesco/pt/speeches/2017/august/documents/papa-francesco_20170824_settimana-liturgica-nazionale.html. Acesso em: 15 mai. 2023.

FRANCISCO. *A santa missa*. São Paulo: Paulus, 2018.

FRANCISCO. *Exortação Apostólica Gaudete et Exsultate*. Brasília: CNBB, 2019a.

FRANCISCO. *Os sacramentos e os dons do Espírito Santo*. São Paulo: Paulus, 2019b.

FRANCISCO. *Carta Apostólica Desiderio Desideravi*. Brasília: CNBB, 2022.

GIRAUDO, C. *Num só corpo: tratado mistagógico sobre a Eucaristia*. 2. ed. São Paulo: Loyola, 2014.

GONÇALVES, R. *Mistagogia poética do silêncio na liturgia*. Fátima: Secretariado Nacional de Liturgia, 2022.

GOPEGUI, J.A.R. *Eukharistia: verdade e caminho da Igreja*. São Paulo: Loyola, 2009.

GOPEGUI, J.A.R. A Eucaristia: uma reflexão a partir da tradição litúrgica. *Perspectiva Teológica*, [S. l.], v. 32, n. 87, 2000.

GRILLO, A. *Introduzione alla teologia liturgica: approccio teorico alla liturgia e ai sacramenti cristiani*. Pádua: Messaggero, 2011.

GRILLO, A. *Ritos que educam: os sete sacramentos*. Brasília: CNBB, 2017.

GRILLO, A. *Eucaristia: azione rituale, forme storiche, essenza sistematica*. Brescia: Queriniana, 2019.

GRILLO, A. *Para além de Pio V: a reforma litúrgica após a Traditionis Custodes*. São Paulo: Paulus, 2022.

GRILLO, A.; CONTI, D. *La messa in 30 parole*. Milão: Pauline, 2021.

GRILLO, A.; VALENZIANO, C. *L'uomo della liturgia*. Assis: Cittadella Editrice, 2017.

GUARDINI, R. *La messe*. Paris: Cerf, 1957.

GUARDINI, R. *Lo spirito della liturgia. I santi segni*. Brescia: Morcelliana, 2007.

HAN, B. *O desaparecimento dos rituais*. Petrópolis: Vozes, 2021.

JOÃO PAULO II. *Carta Encíclica Ecclesia de Eucharistia*. São Paulo: Paulinas, 2003.

JUNGMANN, J. *Missarum Sollemnia: origens, liturgia, história e teologia da missa romana*. São Paulo: Paulus, 2009.

KASPER, W. *O sacramento da unidade. Eucaristia e Igreja*. São Paulo: Loyola, 2006.

KASPER, W.; AUGUSTIN, G. (org.). *A Eucaristia, sacramento da nossa fé*. São Paulo: Loyola, 2022.

LAFONT, G. *Eucaristia, o alimento e a palavra*. São Paulo: Fons Sapientiae, 2021.

LAPOINT, G. *Celebrare dove vivono gli uomini*. Nápoles: EDN, 1981.

LENVAL, H. *Silêncio, gesto e palavra*. Lisboa: Aster, 1959.

LÉON-DUFOUR, X. *O Pão da Vida*. Petrópolis: Vozes, 2007.

LODI, E. *Mistagogia della messa*. Roma: Edizioni Liturgiche, 2014.

MARTIMORT, A.G. A Igreja em oração – Introdução à liturgia. Vol. 2: eucaristia. Petrópolis: Vozes, 1989.

MARTIMORT, A. G. Introduction au congres. *In*: CENTRE DE PASTORALE LITURGICHE. *Le congrés de Strasbourg: Parole di Dieu et liturgie*. Paris: Cerf, 1958. p. 11-15.

MARTÍN, J. *A liturgia da Igreja: teologia, história, espiritualidade e pastoral*. Petrópolis: Vozes, 2022.

MAZZA, E. *La celebrazione eucaristica: genesi del rito e sviluppo dell'interpretazione*. Milão: San Paolo, 1996.

MAZZA, E. *A mistagogia: as catequeses litúrgicas do fim do século IV e seu método*. São Paulo: Loyola, 2020.

OSTDIEK, G. *Mistagogia da Eucaristia: um subsídio para a formação da fé*. Petrópolis: Vozes, 2018.

PARO, T. *Catequese e liturgia na iniciação cristã: o que é e como fazer*. Petrópolis: Vozes, 2018.

PATERNOSTER, M. *Liturgia e spiritualità cristiana*. Bolonha: Dehoniane, 2005.

RAFFA, V. *Liturgia eucaristica. Mistagogia della messa: dalla storia e dalla teologia alla pastorale pratica*. Roma: Edizione Liturgiche, 2003.

SILVA, J. O silêncio na liturgia. *Revista de Liturgia*, n. 261, p. 21-24, maio/jun. 2017a.

SILVA, J. *Quod ore sumpsimus, domine, pura mente capiamus. A sacramentalidade do aparato bucal na celebração dos sacramentos da iniciação cristã*. Roma: Edizione Liturgiche, 2017b.

TABORDA, F. *O memorial da Páscoa do Senhor: ensaios litúrgico-mistagógicos sobre a Eucaristia*. São Paulo: Loyola, 2015.

Conecte-se conosco:

- facebook.com/editoravozes
- @editoravozes
- @editora_vozes
- youtube.com/editoravozes
- +55 24 2233-9033

www.vozes.com.br

Conheça nossas lojas:
www.livrariavozes.com.br

Belo Horizonte – Brasília – Campinas – Cuiabá – Curitiba
Fortaleza – Juiz de Fora – Petrópolis – Recife – São Paulo

**EDITORA VOZES LTDA.**
Rua Frei Luís, 100 – Centro – Cep 25689-900 – Petrópolis, RJ
Tel.: (24) 2233-9000 – E-mail: vendas@vozes.com.br